ÉDOUARD GLISSANT

POÉTICA DA RELAÇÃO

POÉTICA III

ÉDOUARD GLISSANT

POÉTICA DA RELAÇÃO

Tradução
MARCELA VIEIRA E
EDUARDO JORGE DE OLIVEIRA

Revisão técnica
CIRO OITICICA

Prefácio
ANA KIFFER E
EDIMILSON DE ALMEIDA PEREIRA

© Éditions Gallimard, 1990
© desta edição, Bazar do Tempo, 2021

Título original: *Poétique de la Relation – Poétique III*

Todos os direitos reservados e protegidos pela lei n. 9610, de 12.2.1998. Proibida a reprodução total ou parcial sem a expressa anuência da editora.

Este livro foi revisado segundo o Acordo Ortográfico da Língua Portuguesa de 1990, em vigor no Brasil desde 2009.

EDIÇÃO
Ana Cecilia Impellizieri Martins

ASSISTENTE EDITORIAL
Clarice Goulart

COORDENAÇÃO COLEÇÃO
ÉDOUARD GLISSANT
Ana Kiffer

TRADUÇÃO
Eduardo Jorge Oliveira
Marcela Vieira

REVISÃO TÉCNICA
Ciro Oiticica

COPIDESQUE
Elisabeth Lissovsky

REVISÃO
Maria Clara Antonio Jeronimo

PROJETO GRÁFICO E CAPA
Victor Burton

DIAGRAMAÇÃO
Anderson Junqueira

1ª reimpressão, setembro 2024

Liberté
Égalité
Fraternité

Cet ouvrage, publié dans le cadre du Programme d'Aide à la Publication année 2021 Carlos Drummond de Andrade de l'Ambassade de France au Brésil, bénéficie du soutien du Ministère de l'Europe et des Affaires étrangères.

Este livro, publicado no âmbito do Programa de Apoio à Publicação ano 2021 Carlos Drummond de Andrade da Embaixada da França no Brasil, contou com o apoio do Ministério francês da Europa e das Relações Exteriores.

Agradecemos ao artista Arjan Martins e à galeria A Gentil Carioca pela autorização de uso da imagem da capa.

BAZAR DO TEMPO PRODUÇÕES E EMPREENDIMENTOS CULTURAIS LTDA.
Rua General Dionísio, 53, Humaitá
22271-050 - Rio de Janeiro – RJ
contato@bazardotempo.com.br
www.bazardotempo.com.br

SUMÁRIO

I
APROXIMAÇÕES
Uma abordagem, mil passagens 27

A barca aberta 29
A errância, o exílio 34
Poéticas 47
Uma errância enraizada 61

II
ELEMENTOS
O elementar se recompõe
absolutamente 69

Extensão e filiação 73
Lugar fechado, palavra aberta 91
De um barroco globalizado 105
Sobre a informação do poema 109

III
CAMINHOS
Em voz alta, para marcar
o distanciamento 115

Ditar, decretar 119
Construir a torre 132
Transparência e opacidade 140
A praia negra 150

IV
TEORIAS
A teoria é ausência, obscura
e propícia **159**

O relativo e o caos **163**
Os afastamentos determinantes **171**
O que o que **189**
Religado (retransmitido),
relatado **198**

V
POÉTICA
O sendo, múltiplo infinito
em sua substância **211**

O que sendo o que não é **215**
Para a opacidade **219**
Círculo aberto, relação vivida **226**
A praia ardente **236**

Notas em lugares
comuns **243**

Bibliografia de
Édouard Glissant **253**

A Michael Smith,
poeta assassinado nos arquipélagos
cheios de morte anunciada

Prefácio

ÉDOUARD GLISSANT E O MAR SEM MARGENS DO PENSAMENTO

Ana Kiffer

Edimilson de Almeida Pereira

OBRAS E LACUNAS

Quando atentamos para as conexões culturais dos territórios afrodiaspóricos, nos damos conta da circulação restrita da obra de pensadores caribenhos no Brasil. Salvo no espaço circunscrito das universidades, não se tem notícias de uma distribuição ampla, entre nós, de obras como *Bonjour et adieu à la négritude*, de René Depestre; *La isla que se repite*, de Antonio Benítez Rojo; *Lettres créoles*, de Patrick Chamoiseau e Raphaël Confiant; *History of the voice*, de Edward Kamau Brathwaite; ou de artigos como "Leo Frobenius et le problème des civilisations", de Suzanne Césaire. Essas obras, a exemplo das grandes especulações de Édouard Glissant (1928-2011), conformam um viés crítico que contesta as amarras do colonialismo e ressalta o protagonismo do sujeito afrodiaspórico na análise de sua própria experiência estética e cultural.

No caso de Glissant, não se tem ao menos uma antologia de sua obra poética em circulação no país. Tampouco traduções de seus oito romances, alguns premiados internacionalmente, como é o caso já do seu primeiro romance, *La Lézarde*, de 1958, que ganhou o prestigioso Prêmio Renaudot. Menos mal no que se refere aos ensaios. Nesse sentido, louve-se o trabalho da professora Enilce do Carmo Albergaria Rocha, do programa de pós-graduação em Estudos Literários da Faculdade de Letras da Universidade Federal de Juiz de Fora (UFJF). É dela a tradução de *Introdução a uma poética da diversidade*, publicado em

2005 pela editora da UFJF. Pela mesma editora, em 2014, Enilce Albergaria e a também professora Lucy Magalhães traduziram *O pensamento do tremor – La cohée du Lamentin*.

Glissant foi um poeta e pensador incansável, e sua obra é composta de oito romances, quatorze ensaios, nove livros de poemas e uma peça de teatro – *Monsieur Toussaint*, que teve sua origem quando Glissant cria com os colegas o grupo Franc-Jeu, na cidade de Le Lamentin, na Martinica, inspirado no surrealismo e atento às questões políticas. Mas será com a sua chegada em Paris, em 1946, seu ingresso na Sorbonne, sua amizade com Frantz Fanon, que o jovem autor escreverá, em 1949, o seu primeiro livro de poemas, *Un champ d'îles*, publicado em 1953 pela Éditions du Seuil. A partir desse momento, vida literária e vida política entrelaçam-se em todas as suas atividades. Sem, no entanto, reduzir nem uma nem outra ao apelo pragmático ou determinista de uma ideia prévia do fazer político ou do fazer poético-crítico, que eventualmente traçava o horizonte de sua época. Numa posição singular, constrói cuidadosamente esse caminho, sem apartá-la, quando necessário, das posições contundentes, tampouco sem deixar de tecê-las no interior complexo onde se nota, já em gérmen e em ação, a sua ideia de Relação: um trajeto aberto à multiplicidade e à errância. Deslocando o que comumente buscamos fazer para aplainar as angústias diante do tempo presente, mas sem se furtar ao compromisso e ao convite que perpassa os traços emaranhados do seu caminho, Glissant assume a tarefa de (re)imaginar o mundo.

Em 1956 o livro de ensaios *Soleil de la conscience (Poétique I)*,[1] inaugura um programa denso e sem retorno, onde

---

1. Quatro volumes fomentam, no escopo de suas obras ensaísticas, a composição do que Glissant nomeia a construção de uma poética. Depois de *Sol da consciência (Poética I)*, de 1956, teremos *A intenção poética (Poética II)*, de 1969, *Poética da Relação (Poética III)*, de 1990, e o *Tratado do todo-mundo*

vem se alojar este livro, *Poética da Relação (Poética III)*, de 1990, que abraça densa e plenamente a reflexão sobre a noção de Relação, que já aparecia em outros de seus textos, notadamente em *O discurso antilhano*, de 1981,[2] mas que aqui passa a determinar, de forma central, toda a obra por vir deste autor.

Diante da grandeza e extensão desse projeto poético e conceitual ficamos de fato surpreendidos com a lacuna do seu pensamento no Brasil. Se levarmos em conta a acolhida de intelectuais afrodiaspóricos como W. E. B. Du Bois, Frantz Fanon, Angela Davis, Paul Gilroy, bell hooks e dos próprios africanos como Amadou Hampâté Bâ, Chinua Achebe, Achille Mbembe, entre outros nomes, a circulação restrita dos caribenhos mencionados ganha contornos mais dramáticos. A fronteira linguística não deveria ser um problema, uma vez que o inglês, o francês e o espanhol são línguas largamente traduzidas no Brasil. Não seria, portanto, o francês de Glissant um obstáculo intransponível. A questão, ao que parece, reside na originalidade do modelo ensaístico desenvolvido por ele.

(Poética IV), de 1997. Destaca-se o entrelaçamento de sua imaginação romanesca disseminada na forma ensaística desses volumes, assim como a consolidação da ideia poético-política de *Relação*, que acaba por encenar um dos arquipélagos fundamentais da construção de toda a sua obra. Não por acaso, em seu último ensaio, escrito em 2009, o autor retoma a questão, e após esse longo caminho, decide formular uma *Filosofia da Relação*, título e perspectiva que desenham o livro, em ligação direta com os traços que delinearam a sua *Poética da Relação*.

2. Nesse programa tradutório de fôlego empreendido pela editora Bazar do Tempo, veremos a publicação de trechos selecionados por Ana Kiffer, Jacques Leenhardt e Sylvie Glissant, traduzidos por Thiago Florencio, desse livro monumental e ao mesmo tempo aberto e rizomático, que acabou atuando como sua Tese de Estado na França em 1981, mesmo ano em que Glissant assumia suas funções na Organização das Nações Unidas para a Educação, a Ciência e a Cultura (Unesco).

Para além do estilo acadêmico reconhecível, por exemplo, nas articulações teóricas de Gilroy, ou do apelo engajado que nutre as análises sociais e políticas de Angela Davis, a obra ensaística de Glissant está radicada no tensionamento entre as áreas de sombra e luz que caracterizam por excelência a linguagem poética. Tal aspecto impõe desafios específicos à tradução: se por um lado há uma crítica à historiografia e às heranças do colonialismo (aspecto que funciona como um terreno firme para a tradução), por outro lado, o caráter movente e metafórico da linguagem poética resulta em conceitos que dificultam a entrada em outra língua. A professora Lilian Pestre de Almeida,[3] por exemplo, elogiou as professoras Enilce Albergaria e Lucy Magalhães por juntarem "com muita razão e alguma astúcia, o título quase transparente *O pensamento do tremor*, ao título original, intraduzível (...)", quando se ocuparam da tradução dessa obra de Glissant.

Esse enigma do título *La cohée du Lamentin* pode ser considerado como aspecto de um método glissantiano forjado com materiais da herança colonial e das matrizes culturais fragmentadas na diáspora negra. É a partir da fricção entre esses materiais, mais do que da oposição entre eles, que Glissant delineia um pensamento capaz de colher formas objetivas e subjetivas não consideradas pelo campo epistemológico das matrizes culturais do Ocidente. A necessidade primeira de decifrar esse método, antes mesmo de compreender como ele é aplicado, demanda uma vivência de larga duração com a história plurilíngue e multicultural dos territórios caribenhos, bem como com as interações entre o humano e o não humano das ilhas e arquipélagos tal

---

3. Lilian Pestre de Almeida lecionou na Universidade Federal Fluminense (UFF), traduziu *Cahier d'un retour au pays natal*, de Aimé Césaire, e é autora de *O teatro negro de Aimé Césaire*, publicado em 1978 pela editora da UFF.

como vislumbramos nas poéticas de Aimé Césaire, Derek Walcott e Edward Kamau Brathwaite, na prosa ficcional de Dany Laferrière e Patrick Chamoiseau e na prosa analítica de Suzanne Césaire.

Esse aspecto particular da ensaística de Glissant, como ressaltamos, perde terreno diante dos apelos de uma ensaísta mais pragmática. Mas, ao mesmo tempo, se impõe – para quem a conhece – como um pensamento atento às distorções do real, dissonante em relação às fórmulas imediatistas de atuação estética e social e provocador pela ousadia de instaurar novos mecanismos de interpretação do real.

DA RELAÇÃO COMO POÉTICA VIVA

Em Édouard Glissant, em particular neste *Poética da Relação*, percebe-se uma narrativa que mantém o seu caráter dissertativo (encadeando acontecimentos e personagens), paralelamente a uma especulação sobre os dilemas que afetam os escravizados e, por conseguinte, suas culturas dentro e fora do continente africano e no exílio atribulado da escravidão. Dessa dupla face, delineia-se uma narrativa filosofante ou uma filosofia narrativa, que contempla a pulsão poética da linguagem e a dimensão política de denúncia da violência. Em Glissant, o pensamento sobre o social não é resolvido como um ato num drama partilhado pela sociedade, mas como uma narrativa em teia. Narrativa em teia é, por princípio, uma concomitância de vozes que se revelam nas arestas dos contatos sociais, menos afeitas às sínteses que favoreçam políticas de dominação. Sob esse aspecto, a materialidade das relações sociais é considerada na articulação das poéticas de relação, mas não as determina. Pode-se considerar que em Glissant o pensamento extrai os princípios ativos da realidade para, mediante processos de reflexão e análise, propugnar outras realidades simbólicas. Esse *modus* pensante promove deslocamentos dentro da linguagem, condição prévia para que Glissant considere a realidade como deslocamento e não como fixação de fronteiras identitárias ou políticas.

Tratar a realidade como deslocamento e não como fixação caracteriza uma das linhas dessa teia em devir permanente, e ao mesmo tempo estruturante, daquilo que a poética pensante de Glissant toma como questão, método e convite: como se pode aumentar a potência e o desejo de (re)imaginarmos o mundo? Como imaginar o mundo pode se inscrever como método corpóreo movente, desalojando a imaginação do espaço mental, ali fixada como fantasia, fantasia ali enquadrada como algo menos sério, menos relevante, desprovido de ferramentas – mesmo quando móveis e cambiantes – para se refazer o desenho geopolítico e afetivo do mundo?

É no interior desse método emaranhado, de fios em devir, mobilizados e mobilizando a potência dos imaginários diversos das culturas, que o pensamento de Glissant, e mesmo o pensamento político subjacente às suas proposições e narrativas ensaísticas ou poéticas, pousa a noção seminal de Relação.

Compreendê-la exigiria, de alguma maneira, ingressar nos fios ali emaranhados. Irredutível à dialética que separa teses e antíteses, mesmo quando não resulta em nenhuma síntese, a Relação exige-nos um passo para o lado. Nesse passo convivem tanto o deslocamento da primazia do Ser (ocidental), em proveito de uma anterioridade do acontecimento da Relação, quanto o convite a uma opacidade permanente que, no jogo de luz e sombra de sua poética, vem emaranhar a fixação de uma ideia clara, e até mesmo da ideia do que é ou deve ser a Relação.

No campo do emaranhado é preciso certa sabedoria para andar sobre o fio, aquilo que Glissant chama de *ser sendo*. Ser sendo que vem balizando as metáforas das diversas sabedorias populares das Américas, que nos indicam desde muito que o caminho se faz caminhando. Que o Cruzeiro do Sul é quem guia o caminho, e que *desnortear* a lógica físico-mental, geográfica e política do Norte é fundamental para *dar caminho*,[4] para criar rumos, para seguir caminhando. Mas o *ser sendo*, ou o caminho caminhante, não deixa de indicar paisagens-acontecimentos que esboçam ou desenham o espaço fundacional da primazia da Relação. Trata-se de uma aposta e de um convite ao porvir, de um imaginário poético-político e de um campo aberto e metafórico que, entretanto, se perfaz com os traços (esparsos ou devastados) das *memórias da escravidão*.[5] Não por acaso o texto de abertura desta *Poética da Relação* intitula-se "A barca aberta". Nele, Glissant evoca, por meio de uma constelação de imagens poéticas, o acontecimento do tráfico das pessoas escravizadas. De abismo em abismo ele faz insurgir o ventre da barca, o ventre do mar, o ventre vazio da terra sem mundo, do saque, do massacre, da rasura de todo e qualquer traço de origem ou de originário:

> *Os povos que então se constituíram, por mais que esquecessem o abismo, por mais que não soubessem imaginar a paixão daqueles que afundaram nele, teceram ainda assim uma vela (um véu) com a qual, sem retornar à Ter-*

4. Dar caminho está na base da sabedoria oracular do candomblé. A palavra "odu", que traça a leitura dos búzios, significa justamente "dar caminho". Diferente da ideia de iluminação ou adivinhação do futuro, entende-se aí que o importante é nesse *ser sendo* da vida dar caminho ao caminhante.

5. Título de uma das últimas obras de E. Glissant, *Mémoires des esclavages*. Paris: Gallimard/La Documentation Française, 2007.

ra de Antes, cresceram nessa terra, repentina e estupefata. Ali encontraram os primeiros habitantes, também eles deportados por um saque estacionário. Ou então teriam farejado apenas seu rastro devastado. Terra do além tornada terra em si. E aquela vela insuspeita, que ao fim se desfralda, é irrigada pelo vento branco do abismo. E assim o desconhecido-absoluto, que era a projeção do abismo, e que trazia em eternidade o abismo-matriz e o abismo insondável, no fim tornou-se conhecimento.

Não somente conhecimento particular, apetite, sofrimento e gozo de um povo particular, mas o conhecimento do Todo, que aumenta com a frequentação do abismo e que no Todo libera o saber da Relação.[6]

É no tateio dessa frequentação do abismo, e mesmo quando esquecido, que se libera o saber da Relação. Esse conhecimento específico, mas não originário, vai sempre farejar o seu próprio rastro devastado. Glissant indica que tal saber se perfaz no encontro entre povos, culturas, línguas que até ali não necessariamente faziam trocas nem se comunicavam entre si. Esse contato partilhado, comprimido no espaço asfixiante da barca mortuária, ou no véu-vela que permite aos que sobreviveram à travessia o irromper numa terra, cujos povos originários encontravam-se também dela deportados *in loco*, indica que é no processo de contaminação de todas essas diferenças, ali reunidas sob as correntes da escravidão e do colonialismo, que se libera o saber da Relação. A Relação é o conhecer desse abismo, é o conhecimento mesmo dos rastros devastados, e é a abertura da imaginação, que mesmo através da incomunicabilidade, do silêncio e do aprisio-

6. *Poética da Relação*, nesta edição, p. 32.

namento traça o múltiplo da partilha de mundos unidos pela própria separação.

Na dinâmica da Relação, há uma contrapartida a ser considerada: aquela que reside nos sujeitos da recepção e sem a qual a lógica do movimento glissantiano perde o caráter de transformação por meio do qual inviabiliza a mera cópia e o mero acúmulo de matrizes culturais. Se na percepção de Glissant o mar do Caribe tem o descentramento e a passagem como fundamentação dos sentidos, há que se esperar um sujeito que não seja indiferente a essa vertente de produção do conhecimento. Esperar esse sujeito parece, como dizia Glissant, esperar pela *palavra da paisagem*. Uma espera que indica o tempo lento da transformação densa (o caramujo, a espiral), mas também um tanto da esperança – esse gesto inexplicável, insistente e delicado, mesmo quando claudicante. É desse modo que esse sujeito imediatamente se transforma nessa teia emaranhada, posto que a Relação, para Glissant, não é circunscrita pelo espaço interpessoal, alojada num e noutro sujeito humano. Ele a *espera*, poeticamente, quando percebe que o mundo-caos ou o Todo-Mundo poderá ser a teia do acontecimento relacional quando nos abrirmos à nossa capacidade para perceber que tudo entra em relação, inclusive vivos e não vivos, palavra e paisagem.

Até agora, como aponta o seu olhar generoso, é justo esse homem-sujeito centrado sobre si, que fez de sua própria imagem a ordem da semelhança, tingindo-a de um ente universal matizado de racismo e de colonialismo, quem vem recorrentemente impedindo o acontecimento da Relação. Tem-se aí, portanto, uma condição cognitiva que desafia os receptores a aprenderem a desaprender (sobre a história de si, sobre a própria constituição do si mesmo e de sua comunidade), ao mesmo tempo que percebem nesse paradoxo a iluminação para um mundo outro, onde se desloca um ser social em liberdade. Glissant delineia esse desafio de recepção no livro *O pensamento do tremor*[7] quando escreve, na parte inicial intitulada "Como o pássaro inumerável":

> *Imagine o voo de milhares de pássaros sobre um lago da África ou das Américas. O Tanganica ou o Erie, ou um desses lagos dos Trópicos do Sul que se aplanam e se fundem à terra. Veja essas revoadas de pássaros, esses enxames. Conceba a espiral que eles desenlaçam, e na qual o vento escorre. Mas não saberá enumerá-los verdadeiramente durante o seu lançar-se todo em crista e ravina, sobem e descem fora da vista, caem e enraízam-se, revoam em um só ímpeto, seu imprevisível é que os une e rodopiando aquém de toda ciência. Sua beleza golpeia e foge.*

O traço poético do método de Glissant, associado à transformação como um fator inerente da Relação, se condensa numa poética da Relação que, à maneira da *revoada de pássaros*, cria uma paisagem cognitiva para precipitá-la imediatamente numa contrapaisagem. O *imprevisível*, como ressalta Glissant, é o elo comum dessas formas que se fazem e desfazem diante do e com o sujeito. Esse campo epistemológico vale-se do caráter espiralar dos movimentos, da fusão e da ruptura entre o céu e a terra à maneira dos pássaros inumeráveis.

---

7. E. Glissant, *O pensamento do tremor*, tradução de Enilce Albergaria Rocha e Lucy Magalhães. Juiz de Fora: Editora UFJF, 2014, p. 21.

RASURA E RASTRO, GLISSANT ENTRE NÓS

Por fim, o que subjaz à *Poética da Relação* e, por conseguinte, a toda a obra de Glissant, é uma espécie de rasura incorporada à formulação do próprio pensamento. Algo que, em termos políticos, denuncia a cristalização de modelos de governança e, em termos estéticos, não corrobora a hierarquização que distancia a escrita poética da histórica e/ou filosófica. Um exemplo estético dessa perspectiva, que permeia o Caribe-passagem vislumbrado por Glissant, pode ser observado nos seguintes versos de Derek Walcott: "There's a fresh light that follows a storm/while the whole sea still havoc... ["Há uma nova luz que vem após a tempestade/ no mar ainda em desordem..."].[8] Em outros termos, entre "esse algo" dado pela realidade ("uma luz nova" – tal como a revoada de pássaros) pressupõe-se que "outro algo", novo, mas não de todo revelado, se insinua entre os escombros da tempestade (tal como entre os "enxames" de asas).

Se considerarmos as cenas sociais do Brasil – enrijecidas por conta dos discursos fundamentalistas, da recusa em analisar a história como processo, da publicização de práticas conservadoras, modos, enfim, de controlar pela violência o livre pensamento – notaremos o quanto a *Poética da Relação* representa um arejamento de nossas vivências atuais. Para um país que, à maneira do Caribe, pode ser pensado como um continente de atravessamentos éticos, estéticos, econômicos, políticos e culturais há muito o que dialogar com as provocações epistemológicas de Glissant. A começar pela discussão, sob a perspectiva da abertura e não da síntese, de aspectos como a antro-

---

8. D. Walcott, *The Star-Apple Kingdom*, na edição francesa *Le royaume du fruit-étoile*, tradução de Claire Malroux. Saulxures: Éditions Circé, 1992, p. 36.

pofagia e a carnavalização que, em momentos distintos, conduzem/acendem os debates sobre a vida política e cultural do país.

Essa conversa abre, no entanto, um conjunto grande de desafios. Acostumados e afeitos historicamente às grandes sínteses aglutinadoras, poderíamos dizer que o Brasil esqueceu que esqueceu de tudo aquilo que arranha, desafina e desafia, ainda hoje, o seu desejo de construção de hibridações e amálgamas tecidas sem zona de contato densa, larga e duradoura. O seu edifício letrado (o seu cânone) branco, e majoritariamente masculino, esqueceu de um conjunto imenso de vidas, modos de existir, vozes e corpos não brancos mesmo quando queria lembrar desse país de "base dupla e presente – a floresta e a escola. A raça crédula e dualista e a geometria (...)".[9] Hoje, e sobre isso a teia da poética da Relação alerta, nos vemos diante de uma dupla injunção: por um lado, já não somos mais apenas o país dividido em dois (a floresta e a escola), estamos divididos em muitos. Seria no mínimo ingênuo negar ou impedir que a multiplicidade trace a teia-território do mundo contemporâneo. Mas, entre nós, alerta-se para o fato de que os cortes foram desde muito adensando uma infinidade de carnes expostas, da crueza à crueldade, dos pássaros carbonizados aos corpos racializados, expropriados e assassinados cotidianamente neste país. Multiplicando exclusões, impedimentos, silenciamentos, e também insurgências e reivindicações antes pouco ou não ouvidas. Poderíamos ainda dizer esquecidas?

Por outro lado, essas vozes e corpos, modos de existir não brancos, ameríndios e afrodiaspóricos, entre outros, em sua maioria representados ou falados em voz baixa

---

9. O. de Andrade, *A utopia antropofágica*. São Paulo: Globo, 1995, p. 44.

nos salões literários de outrora, vêm derrubando portas, criando pontes, inventando caminhos. Essa reconfiguração corpórea, material e simbólico-discursiva exige entender que a profundidade das estruturas racistas de uma sociedade não permite a criação de processos de crioulização (hibridações, antropofagias, carnavalizações) sem carregar o gosto amargo de suas imensas separações, como já alertava Glissant. Atravessamos, no convite à Relação, o desafio de compor com o nosso próprio desafino. Compor com o amargo, o rascante, com o que corta, rasga ou arde não é tarefa fácil, mas crucial. Composição esta que chama por diferentes processos alquímicos e pela rasura dos longos desenhos dos imaginários instituintes da própria linguagem-vida que vêm *norteando* a nossa imaginação de um Brasil alegre, capaz de tudo digerir. Compor com o amargo exigirá também rever as epistemes da melancolia, do azedume, da bílis *negra*, tais como pensados pela cultura hegemônica ocidental. Outras trilhas culturais que refaçam as nossas linguagens-vida urgem, seja para a reconstrução de outros modos de habitação do planeta, seja para continuarmos imaginando nele a criação da vida.

Sob esse aspecto, ler Glissant a partir do Brasil significa atentar para a complexidade do seu emaranhado poético-político, irredutível aos manuais de condutas pragmáticas, mas também irredutível ao realocar da Relação no seio dos nossos longos processos feitos de mesclas aparentemente apaziguadoras, que eram, na maioria das vezes, indiferentes às diferenças e às multiplicidades concretas que nos constituem. Atentos à Relação estaremos convocados paradoxalmente a pensar sobre os nossos cortes, separações, muros e fronteiras internas. Como convite, talvez, ao necessário adensar das nossas bordas. Tornando-as quiçá mais espessas e, logo, capazes de redesenhar esse mar sem margens duras ou estreitas, entre a vida e a vida do pensamento.

Mar sem margens através do qual Glissant semeia em errância o gérmen, não o da união (fusão ou síntese), nem o da separação (murada ou enrijecida), mas o da possibilidade de imaginarmos de maneira diferente do que fizemos até aqui. Desejando "envelhecermos no ritmo mesmo da terra, como poeiras (arquipélagos) ainda mais inimaginavelmente infinitesimais dessa molécula terra".[10] Podemos dizer dessa comunidade terrestre, capaz de reinventar outras bússolas já em meio à tumultuosa navegação e no aberto mesmo do mar.

ANA KIFFER é escritora e professora do Departamento de Letras da Pontifícia Universidade Católica do Rio de Janeiro (PUC-Rio).

EDIMILSON DE ALMEIDA PEREIRA é escritor, poeta e professor do Departamento de Letras da Universidade Federal de Juiz de Fora (UFJF).

---

10. E. Glissant, *Philosophie de la Relation*. Paris: Gallimard, 2009, p. 117.

Sea is History.
DEREK WALCOTT

The unity is sub-marine.
EDWARD KAMAU BRATHWAITE

IMAGINÁRIO:

Pensar o pensamento geralmente significa retirar-se para um local sem dimensão, onde apenas a ideia do pensamento se obstina. Mas o pensamento realmente se espaça pelo mundo. Ele informa o imaginário dos povos, suas poéticas diversas que ele, por sua vez, transforma, ou seja, nas quais seu risco se realiza.

A cultura é a precaução dos que pretendem pensar o pensamento, mas se mantêm afastados de seu percurso caótico. As culturas em evolução inferem a Relação, a superação que funda sua unidade-diversidade.

O pensamento traça o imaginário do passado: um saber em devir. Não se pode interrompê-lo para avaliá-lo, nem isolá-lo para difundi-lo. Ele é partilha, da qual ninguém pode se separar e da qual ninguém pode, parando, tirar proveito.

NOTA DA EDIÇÃO

Optamos por seguir a edição original da obra no que se refere às notas. Aquelas marcadas com asteriscos ficam no pé da página, e as numeradas se encontram no fim do livro. Optamos ainda por deixar as notas da tradução e da revisão técnica no pé de página.

I
APROXIMAÇÕES

*Uma abordagem,
mil passagens*

A BARCA ABERTA

O que é petrificante na experiência de deportação dos africanos para as Américas* é, sem dúvida, o desconhecido, enfrentado sem preparo ou desafio.

A primeira escuridão foi ser arrancado do país cotidiano, dos deuses protetores, da comunidade defensora. Mas isso ainda não é nada. O exílio é suportável, mesmo quando ele fulmina. A segunda noite foi a da tortura, a da degeneração do ser, vinda de tantos impensáveis suplícios. Imagine duzentas pessoas socadas em um espaço onde mal caberia um terço delas. Imagine o vômito, a carne viva, os piolhos em profusão, os mortos caídos, os agonizantes apodrecidos. Imagine, se for capaz, a embriaguez vermelha das subidas na ponte, a rampa para subir, o sol negro no horizonte, a vertigem, o clarão do céu chapado sobre as ondas. Vinte, trinta milhões, deportados por dois séculos e mais. A usura, mais duradoura do que um apocalipse. Mas isso ainda não é nada.

---

* O tráfico passa pela porta estreita no navio negreiro, cujo rasto imita o rastejamento da caravana no deserto. Sua figura seria parecida com esta figura ⟩⟶⟨. A leste, os países africanos, a oeste, as terras americanas. Esse animal se assemelha a uma fibrila.

As línguas africanas se desterritorializam para contribuir com a crioulização no Ocidente. Este é o confronto mais conhecido entre as potências da escrita e os impulsos da oralidade. No barco negreiro, a única escrita é a do livro de contas, que se destina ao valor de troca dos escravos. No espaço do barco, o grito dos deportados é abafado, como o será no universo das plantações. Esse confronto reverbera até nós.

O aterrorizante vem do abismo,* três vezes amarrado ao desconhecido. Uma primeira vez, inaugural, quando você cai no ventre da barca. Uma barca, segundo sua poética, não tem ventre, uma barca não engole, não devora, uma barca toma a direção do céu pleno. Mas o ventre dessa barca te dissolve, te atira num não mundo em que você berra. Essa barca é uma matriz, o abismo-matriz. Que gera o teu clamor. Que também gera toda unanimidade futura. Pois se você está sozinho nesse sofrimento, você compartilha o desconhecido com algumas pessoas que você ainda não conhece. Esta barca é tua matriz, um molde, que, no entanto, te expulsa. Grávida de tantos mortos quanto de vivos em suspenso.

O segundo abismo é o insondável do mar. Quando as regatas acossam o navio negreiro, o mais simples a fazer é aliviar a barca, atirando a carga ao mar, amarrada em balas de canhão. Esses são os sinais de pista submarina, da Costa do Ouro às ilhas de Sotavento. Assim, toda navegação, no esplendor verde do oceano – a melancolia das travessias transatlânticas, a glória das regatas esportivas, a tradição das corridas de velas ou de canoas –, sugere, com uma evidência de algas, esses calabouços, essas profundezas, pontuadas por balas de canhão que mal enferrujam. O abismo é uma tautologia, e todo o oceano, todo o mar afinal docemente arrastado para os prazeres da areia são um enorme começo, ritmado apenas por essas balas esverdeadas.

---

* Glissant utiliza em todo este capítulo a palavra em francês *"gouffre"*, que não encontraria em português o seu efeito vertiginoso se traduzida pela palavra golfo. Do latim *colpus* e do grego *kolpos*, *"gouffre"* indica esse buraco ou cavidade vertical, apavorante tanto por seu comprimento quanto por sua largura. Daí deriva a sua força em indicar os fossos ou porões da barca, e também a vastidão e a profundeza do mar. Entendemos que a palavra abismo (um dos sentidos de *"gouffre"*) apontava tanto para a experiência imaterial quanto concreta e material, vivida pelo desterro forçado das pessoas escravizadas e submetidas ao tráfico negreiro. (N.T.)

Mas, para que essas margens tomem forma, e antes que sejam concebíveis, ou mesmo visíveis, quanto sofrimento pelo desconhecido! A face mais petrificante do abismo é, muito à frente da proa do navio negreiro, esse rumor pálido que não sabemos se é nuvem de tempestade, chuva ou garoa, ou fumaça de uma fogueira tranquilizadora. Dos dois lados da barca as margens do rio desapareceram. Que tipo de rio é esse que não tem meio? Seria ele apenas uma dianteira? Não estaria essa barca vagando eternamente pelos limites de um não mundo, não frequentado por nenhum ancestral?

A terceira forma do abismo projeta paralelamente à massa de água a imagem inversa de tudo o que foi abandonado, que, por gerações, só será reencontrado nas savanas azuis da lembrança ou do imaginário, cada vez mais desgastado.

Essa ascese em atravessar a terra-mar que não sabemos se é o planeta-terra, sentindo esvaecer-se não apenas o uso das palavras ou a fala dos deuses, mas a imagem concluída do objeto mais cotidiano, do animal mais familiar. O sabor evanescente dos alimentos, o cheiro perseguido da terra ocre e das savanas.

"Salve, velho oceano!" Você conserva em tuas cristas o barco surdo de nossos nascimentos, teus abismos são o nosso próprio inconsciente, arados por memórias efêmeras. Então você desenha essas novas margens, prendemos nelas nossas feridas estriadas de piche, nossas bocas avermelhadas e nossos clamores calados.

A experiência do abismo está no abismo e fora dele. O tormento daqueles que nunca saíram do abismo é ter passado diretamente do ventre do navio negreiro para o ventre roxo do fundo do mar. Mas sua provação não morreu, foi reavivada nesse contínuo-descontínuo: o pânico do novo país, a assombração pelo país de outrora e, finalmente, a aliança com a terra imposta, sofrida, redimida. A memória desconhecida do insondável serviu de lodo para tais metamorfoses. Os povos que então se constituíram, por mais que esquecessem o abismo, por mais que não soubessem imaginar a paixao daqueles que afundaram nele, teceram ainda assim uma vela (um véu) com a qual, sem retornar à Terra de Antes, cresceram nessa terra, repentina e estupefata. Ali encontraram os primeiros habitantes, também eles deportados por um saque estacionário. Ou então teriam farejado apenas seu rastro devastado. Terra do além tornada terra em si. E aquela vela insuspeita, que ao fim se desfralda, é irrigada pelo vento branco do abismo. E assim o desconhecido-absoluto, que era a projeção do abismo, e que trazia em eternidade o abismo-matriz e o abismo insondável, no fim tornou-se conhecimento.

Não somente conhecimento particular, apetite, sofrimento e gozo de um povo particular, mas o conhecimento do Todo, que aumenta com a frequentação do abismo e que no Todo libera o saber da Relação.

Do mesmo modo como o arrancamento primordial não se acentuava por nenhum desafio, também a presciência e a vivência da Relação não se confundem com nenhuma jactância. Os povos que frequentaram o abismo não se vangloriam de terem sido eleitos. Eles não pensam que estão dando luz às potências das modernidades. Eles vivem a Relação, que eles semeiam conforme o esquecimento do abismo lhes vem e na mesma medida em que sua memória se fortalece.

Pois se essa experiência fez de você, vítima original flutuando nas profundezas do mar, uma exceção, ela passou a ser comum por fazer de nós, os descendentes, um povo entre outros. Os povos não vivem de exceção. A Relação não é de estranhezas, mas de conhecimento partilhado. Podemos dizer agora que essa experiência do abismo é a coisa mais bem trocada.

Para todos nós, sem exceção, e mesmo quando mantemos o afastamento, o abismo também é projeção e perspectiva de desconhecido. Para além de seu precipício, nós jogamos sobre o desconhecido. Tomamos o partido desse jogo do mundo, o das Índias renovadas, o qual interpelamos, o dessa Relação de tempestades e de calmarias profundas onde honramos nossas barcas.

É isso o que nos mantém em poesia. Mesmo se consentimos com toda irrecusável tecnologia, mesmo se concebemos o sobressalto das políticas a serem concertadas, o horror de superar as fomes e as ignorâncias, as torturas e os massacres, e a plena medida do conhecimento a ser domesticado, o peso de cada maquinaria que, no fim, controlaremos, e a fulguração desgastante das passagens de uma era para outra, da floresta para a cidade, do conto para o computador – está, à frente da proa doravante comum, esse rumor ainda, nuvem ou chuva ou fumaça tranquila. Nós nos conhecemos na multidão, no desconhecido que não aterroriza. Nós gritamos o grito da poesia. Nossas barcas estão abertas, nós as navegamos em nome de todos.

POÉTICA DA RELAÇÃO > *33*

A ERRÂNCIA, O EXÍLIO

Do exílio à errância, a medida comum é a raiz, que, neste caso, falha. É por aí que devemos começar.

Gilles Deleuze e Félix Guattari criticaram as noções de raiz e, talvez, de enraizamento. A raiz é única, ela é um tronco que toma tudo para si, matando o que está ao redor; eles a pensam em oposição ao rizoma, que é uma raiz ramificada, distribuída em redes na terra ou no ar, sem que nenhum tronco intervenha como um predador irremediável. Assim, a noção de rizoma manteria a questão do enraizamento, mas recusa a ideia de uma raiz totalitária. O pensamento do rizoma estaria no princípio do que eu chamo de poética da Relação, segundo a qual toda identidade se desdobra numa relação com o Outro.

Esses autores fazem um elogio ao nomadismo, supostamente libertador do ser, opondo-o, talvez, ao sedentarismo, cuja raiz intolerante fundaria a lei. Kant, logo no início da *Crítica da razão pura*, compara os céticos aos nômades, afirmando que, de tempos em tempos, "eles rompem o laço social". Desse modo, ele parece estabelecer uma correlação entre, de um lado, sedentarismo, verdade, sociedade e, de outro, nomadismo, ceticismo, anarquismo. Essa aproximação de Kant sugere-nos que o interesse do conceito de rizoma parece ter origem em seu anticonformismo, mas não saberíamos inferir dele uma função de subversão, uma capacidade do pensamento rizomático de perturbar a ordem do mundo, pois então regressaríamos à pretensão de ideologia que esse pensamento supostamente deveria contestar.[2]

Mas o nômade não seria sobredeterminado por suas condições de existência? E o nomadismo, não o gozo de liberdade, mas uma obediência às contingências constrangentes? O nomadismo circular acontece da seguinte forma: ele desvia à medida que partes do território se esgotam, sua função é a de garantir, com essa circularidade, a sobrevivência de um grupo. Nomadismo dos povos que se deslocam nas florestas, comunidades aruaques que navegavam de ilha em ilha no Caribe, agricultores que peregrinam de fazenda em fazenda, atores do circo que passam de cidade em cidade, todos movidos por um determinado movimento do qual nem a audácia nem a agressão fazem parte. O nomadismo circular é uma forma não intolerante do sedentarismo impossível.

Vamos contrapor a ele o nomadismo invasor, o dos hunos, por exemplo, ou dos conquistadores espanhóis, que tem como objetivo conquistar as terras por meio do extermínio de seus ocupantes. Esse nomadismo não é nem prudente nem circular, ele não poupa seus efeitos, é uma projeção absoluta avante: um nomadismo em flecha. Mas os descendentes dos hunos, dos vândalos ou dos visigodos, assim como os dos conquistadores espanhóis, que impunham seus clãs, foram aos poucos se estabilizando conforme assentavam-se em suas conquistas. O nomadismo em flecha é um desejo devastador de sedentarismo.*

Em nenhum dos dois casos, nomadismo circular ou nomadismo em flecha, a raiz se manifesta. O que "prende"

---

* A ideia de que essa devastação pode ter desencadeado, em relação ao declínio do Império Romano, por exemplo, um retorno positivo da história, projetando um negativo fértil, não nos deterá aqui. Geralmente, está subentendido que o nomadismo em flecha é o parteiro de novas eras, enquanto o nomadismo circular permaneceria endógeno e sem devir. O que seria pura e simplesmente legitimar o ato da conquista.

o invasor, antes que sua conquista o vença, é o avanço; e dificilmente se poderia dizer que o sedentarismo forçado constituiria o verdadeiro desenraizamento do nômade circular. Da mesma maneira, o sofrimento do exílio não pesa nesses casos, nem se aguça o gosto pela errância. A relação com a terra é imediata demais, ou saqueadora, para que a preocupação de identidade (essa reinvindicação ou esse conhecimento de uma linhagem inscrita em um território) possa estar ligada a ela. A identidade será ganha quando as comunidades tiverem tentado, pelo mito ou pela palavra revelada, legitimar seu direito a essa posse de um território. Afirmação que pode preceder por um tempo enorme sua resolução nos fatos. Daí os avatares da legitimidade, frequentemente e por muito tempo contestada, que traçarão, em seguida, as dimensões feridas ou apaziguantes do exílio ou da errância.

Na Antiguidade ocidental, o homem em exílio não se sentia nem inferiorizado nem desvalido, porque não se sentia sobrecarregado de faltas – em relação a uma nação, que, para ele, ainda não existia. Parece até que uma experiência da viagem e do exílio foi considerada necessária para a realização do ser, se considerarmos as biografias de numerosos pensadores gregos, até Platão e Aristóteles. Este último, Platão, seria um dos primeiros a tentar estabelecer a legitimidade, ainda não – ou não mais – da comunidade em um território, mas a da Cidade na racionalidade de suas leis. Em um momento em que Atenas, *sua* cidade, já estava ameaçada por uma desregulamentação "final".*

---

* O diálogo platônico se alterna com a função do mito. Este funda a legitimidade da posse de um território, normalmente apoiando-se nos rigores ininterruptos de uma filiação. O diálogo funda a justiça da cidade com a revelação de uma razão que organiza as rigorosas sucessões da ordem política.

Naquela época, a identificação se dava em relação a uma cultura – que entendemos como civilização – e não ainda a uma nação.* O Ocidente pré-cristão compartilha essa maneira de ver e de sentir com a América pré-colombiana, com a África dos grandes conquistadores e com a maior parte dos países asiáticos. Foi contra a generalização (a pulsão de uma identidade universal) implementada pelo Império Romano que se exerceram, a princípio, as ações transmitidas pelo nomadismo em flecha e pela sedentarização. O particular então resiste ao universal generalizante para, em seguida, construir, em círculos concêntricos (províncias e depois nações), os particularismos. A ideia de civilização ajudará gradualmente a manter reunidos esses opostos, que, a princípio, só se identificam em oposição ao Outro.

A paixão por definir-se, na época dos nomadismos invasores, assume a aparência da aventura pessoal. Durante os seus périplos, os conquistadores formam impérios que desmoronam com suas mortes. Suas capitais se deslocam com eles. "Roma não é mais Roma, ela está toda onde eu estou." O que importa não é a raiz, mas o movimento. O pensamento de errância não se propaga, pois é inibido pela insana realidade desse nomadismo demasiado funcional, cujos propósitos ela seria incapaz de conhecer. Centro e periferias se equivalem. Os conquistadores são a raiz movediça e efêmera de seus povos.

É, portanto, aí, no Ocidente, que o movimento se congela e que as nações se pronunciam, à espera de que repercutam pelo mundo. Esse congelamento, essa enunciação e essa expansão exigem que a ideia de raiz assuma gradualmente

---

* Com a noção tipicamente ocidental de civilização, podem-se resumir as realizações de uma sociedade para projetá-las imediatamente em um devir que é também, e na maior parte das vezes, uma expansão. Por civilização, está implícita a vontade de civilizar. Essa ideia está relacionada à paixão de impô-la ao Outro.

esse significado intolerante que o sr. Deleuze e o sr. Guattari certamente pretendiam recusar. Se voltamos a esse episódio ocidental, é sobretudo porque ele se disseminou pelo mundo inteiro. O modelo serviu ao seu propósito. A tendência da maioria das nações que se libertaram da colonização foi se formar em torno da ideia de potência, pulsão totalitária da raiz única, e não em uma relação fundadora com o Outro. O pensamento cultural de si era dual, opondo o cidadão ao bárbaro. Não houve nada de mais massivamente oposto ao pensamento da errância do que esse período da história das humanidades em que as nações ocidentais se formaram, e depois repercutiram pelo mundo.

Esse pensamento da errância, que esteve na contracorrente da expansão nacionalista, traveste-se "de" aventuras muito pessoais –, do mesmo modo como a aparição das nações fora precedida pela deriva dos construtores de impérios. A errância do trovador, ou a de Rimbaud, ainda não é a vivência espessa (opaca) do mundo, mas o desejo apaixonado de transgredir na raiz. Nesse mesmo tempo, a realidade do exílio é percebida como uma falta (temporária) que, e aqui é interessante observar, refere-se à língua em primeiro lugar. A raiz é monolíngue. Com o trovador, com Rimbaud, a errância é vocação, que só pode ser expressa por desvios. É o chamado, e não, ainda, a plenitude, da Relação.

No entanto, e aí está o imenso paradoxo, os livros fundadores de comunidades, o Antigo Testamento, a *Ilíada*, a *Odisseia*, as canções de gesta, as sagas, a *Eneida*, ou as epopeias africanas eram livros de exílio e frequentemente de errância. Essa literatura épica é surpreendentemente profética: fala da comunidade, mas a partir da relação de seu aparente fracasso, ou pelo menos de sua superação, a errância, considerada como tentação (desejo de transgredir na raiz) e na maioria das vezes experimentada nos fatos. Os livros coletivos do sagrado ou da historicidade carregam em si o gérmen do exato contrário de suas turbulentas reivindicações. A legitimidade da posse de um território está sempre matizada, pela relativização da própria noção de território. Por serem livros que abarcam desde o nascimento até a consciência coletiva, eles são uma imersão na parte de mal-estar e de suspense que permite ao indivíduo neles encontrar-se, cada vez que ele se torna ele próprio um problema. A vitória dos gregos na *Ilíada* se deve a uma fraude, Ulisses, ao regressar de sua Odisseia, só é reconhecido por seu cão, o Davi do Antigo Testamento está maculado pelo adultério e pelo assassinato, a *Canção de Rolando* é a crônica de uma derrota, os personagens das sagas estão marcados pelo signo de uma fatalidade inevitável, e assim por diante. Esses livros fundam algo muito diferente de uma certeza massiva, dogmática ou totalitária (à exceção do uso religioso que se fará deles): são livros de errância, para além das buscas ou dos triunfos do enraizamento que o movimento da história exige.

Alguns desses livros são dedicados à errância suprema, como o egípcio *Livro dos mortos*. Aquilo mesmo que tem como função consagrar a comunidade intransigente já transige, matizando o triunfo comunitário em errâncias reveladoras.*

Em *L'intention poétique* e em *Le discours antillais* (do qual a presente obra é o eco reformulado, ou a repetição em espiral), eu havia abordado essa dimensão da literatura épica, perguntando-me se essas obras fundadoras não seriam,

---

* Hegel mostra, no Livro III da *Estética*, como as obras fundadoras de comunidades aparecem, espontaneamente, no momento em que a consciência ingênua é tranquilizada quanto a sua legitimidade – e devemos dizer: quanto a seu direito de posse de um território. Nesse sentido, o pensamento épico é muito próximo do mito.

ainda hoje, necessárias para nós, por se basearem em uma semelhante dialética do desvio: afirmando, por exemplo, o rigor político, mas no próprio rizoma da relação múltipla com o Outro, e fundando as razões de viver de toda comunidade em uma forma moderna do sagrado, que seria, em suma, uma poética da Relação.*

Esse movimento (entre outros, em outras regiões do mundo, que também serão decisivos) levou do nomadismo primordial ao sedentarismo das nações ocidentais, e depois à Descoberta e à Conquista que se compuseram perfeitamente, até os limites do místico, na Viagem.

Nesse percurso, a identidade, pelo menos no que diz respeito aos viajantes ocidentais que formaram a massa dos descobridores e dos conquistadores, é, primeiramente, reforçada num modo implícito ("a minha raiz é a mais forte"), depois é explicitamente exportada como valor ("o ser vale por sua raiz"),** obrigando os povos visitados ou conquistados à longa e dolorosa busca por uma identidade que terá, antes de tudo, de se opor às desnaturações causadas pelo conquistador. Variante trágica da busca pela identidade. Durante um período histórico de mais de dois séculos, a identidade afirmada dos povos deverá ser vencida contra os processos de identificação ou de niilificação desencadeados por esses invasores. Se a nação no Ocidente é antes de tudo um "contrário",*** a identidade para os povos colonizados

---

* A superação necessária do mítico ou do épico foi dada na razão política que organiza a Cidade. A palavra épica é obscura e abissal, é uma das condições da ingenuidade. A razão política é evidente. Superar pode ser a contradição.

** Ou seja, como tínhamos dito, essencialmente por sua língua.

*** A ideia de civilização manterá unidos esses contrários: o universal generalizador será o princípio de sua ação no mundo, que realizará os conflitos de interesse em uma concepção finalista da História.

será, em primeiro lugar, um "oposto a", ou seja, em princípio, uma limitação. O verdadeiro trabalho da descolonização terá sido o de ultrapassar esse limite.

A dualidade do pensamento de si (existe o cidadão, e existe o estrangeiro) ecoa a ideia que temos do Outro (existe o visitante e o visitado; o que parte e o que fica; o conquistador e sua conquista). O pensamento do Outro só deixará de ser dual quando as diferenças forem reconhecidas. O pensamento do Outro "compreende", a partir de então, a multiplicidade, mas de uma maneira mecânica e que ainda maneja as sutis hierarquias do universal generalizante. Reconhecer as diferenças não exige envolvimento na dialética de sua totalidade. No limite, "posso reconhecer tua diferença e pensar que ela significa uma desvantagem para você. Posso pensar que minha força está na Viagem (eu faço História) e que sua diferença é imóvel e muda". Ainda há um passo a ser dado antes de se entrar realmente na dialética da totalidade. Nesse caso, parece que, indo ao encontro da mecânica da Viagem, essa dialética é emudecida pelo pensamento da errância.

Se supusermos que a busca da totalidade, a partir desse contexto não universal das histórias do Ocidente, passou por esses estágios:
- ideia do território e de si (ontológico, dual)
- ideia da viagem e do outro (mecânico, múltiplo)
- ideia da errância e da totalidade (relacional, dialética),
concordaremos que essa ideia ou pensamento da errância emerge surdamente da desestruturação das compacidades nacionais, ainda ontem triunfantes, mas, também, dos nascimentos difíceis e incertos para as novas formas da identidade que nos solicitam.

Assim, o desenraizamento pode conduzir à identidade, o exílio pode se revelar proveitoso, quando são vividos não como uma expansão de território (um nomadismo em flecha), mas como uma busca pelo Outro (por nomadismo circular). O imaginário da totalidade permite esses desvios, que nos distanciam do totalitário.

A errância não decorre de uma renúncia nem de uma frustração em relação a uma situação de origem que se teria deteriorado (desterritorializado) – não é um ato determinado de recusa nem uma pulsão incontrolada de abandono. Às vezes nos encontramos, abordando aos problemas do Outro; as histórias contemporâneas dão exemplos reveladores a esse respeito: como o trajeto de Frantz Fanon, da Martinica para a Argélia. Esta é mesmo a imagem do rizoma, que leva a entender que a identidade não está mais somente na raiz, mas também na Relação. Isso porque o pensamento da errância é também o pensamento do relativo, que é o transmitido, mas também o relatado. O pensamento da errância é uma poética, e que subentende que, em determinado momento, ela se diz. O dito da errância é o da Relação.

Ao contrário do nomadismo em flecha (descoberta ou conquista), ao contrário da situação de exílio, a errância condiz com a negação de todo polo ou de toda metrópole, estejam eles ligados ou não à ação conquistadora de um viajante. Muitas vezes dissemos que o que o viajante exporta em primeiro lugar é sua língua. As línguas do Ocidente também eram consideradas veiculares e costumavam servir como metrópoles. Por outro lado, o dito da Relação é multilíngue. Para além das imposições das potências econômicas e das pressões culturais, ele se opõe, legitimamente, ao totalitarismo dos objetivos monolíngues.

Nesse caso, parecemos bem afastados dos sofrimentos e das preocupações daqueles que suportam a injustiça do mundo. As errâncias deles são, de fato, imóveis. Eles não viveram o luxo do desenraizamento, melancólico e extrovertido. Eles não viajam. Mas a sabedoria da raiz passa a estar, para eles, na intuição da Relação: eis aí uma das constantes do nosso mundo. Viajar não é mais o lugar de um poder, mas o momento de um prazer, e até mesmo privilegiado. A obsessão ontológica do conhecimento cede, nesse caso, ao gozo de uma relação, da qual o turismo é a forma elementar e, na maioria das vezes, caricatural. Os que permanecem estreme-cem com essa paixão do mundo, comum a todos. Pode lhes acontecer de sofrer as dores do exílio interior.

Não estou me referindo àqueles que, em seus próprios países, suportam a opressão de um Outro, como é o caso dos negros da África do Sul. Pois, nesse caso, a solução é visível, a resolução está dada; apenas a força é capaz de enfrentar isso. Refiro-me a esse exílio interior que atinge os indiví-duos, lá onde as soluções não são, ou ainda não são, quanto à relação de uma comunidade com seu entorno, totalmen-te aceitas por ela. Tais soluções, esboçadas em resoluções precárias, continuam sendo exclusividade de poucos, que, assim, são marginalizados. O exílio interior é a viagem fora desse confinamento. Ele introduz de forma imóvel e exacer-bada o pensamento da errância. Normalmente, ele se distrai em compensações parciais de prazer, em que o indivíduo se consuma. O exílio interior tende ao conforto das coisas, o que não distrai da angústia.

Se o exílio pode desgastar o sentido da identidade, o pensa-mento da errância, que é pensamento do relativo, costuma reforçá-lo. Não é certo, pelo menos aos olhos de um obser-vador, que a errância perseguida dos judeus não tenha reforçado seu sentido de identidade com muito mais força do que o fez sua fixação em terra palestina. Os exílios judaicos transformavam-se em vocação de errância, em referência a uma terra ideal cuja potência pode bem ter sido desgastada pela terra concreta (o território) escolhida e conquistada. Mas tudo isso não passa de conjecturas de minha parte. Pois, se é possível comungar no imaginário da errância, as experiências dos exílios são incomunicáveis.

O pensamento da errância não é apolítico nem antinômico de uma vontade de identidade, a qual, no fim das contas, não é nada mais do que a busca por uma liberdade em um entorno. Se ela contradiz as intolerâncias territoriais, a predação da raiz única (que hoje em dia torna tão difíceis os procedimentos identitários), é porque, na poética da Relação, o errante, que não é mais o viajante nem o descobridor nem o conquistador, procura conhecer a totalidade do mundo e sabe de antemão que nunca o conseguirá – e que é aí que se encontra a beleza ameaçada do mundo.

O errante recusa o édito universal e generalizante, que resumia o mundo em uma evidência transparente, reivindicando-lhe um suposto sentido e finalidade. Ele mergulha nas opacidades da parte do mundo que acessa. A generalização é totalitária: ela seleciona no mundo um conjunto de ideias ou de constatações que ela separa e tenta impor, fazendo viajarem modelos. O pensamento da errância concebe a totalidade, mas renuncia de bom grado à pretensão de invocá-la ou possuí-la.

Os livros fundadores ensinam que a dimensão do sagrado é apenas aprofundamento do mistério da raiz, matizada pelas variações da errância. De fato, o pensamento da errância é postulação do sagrado, que nunca se dá e nunca se apaga. Lembramos que Platão, que conhecia a força do mito, tinha desejado banir os poetas para longe da República, por serem impositores da escuridão. Ele havia desconfiado da palavra abissal. Não iremos encontrá-la novamente nos meandros imprevisíveis da Relação? Não se pode dizer que hoje em dia as humanidades não conseguirão transmutar, nesse pensamento da errância, as opacidades ontem enraizantes do mito e as claridades multiplicadas da filosofia política, conciliando Homero e Platão, Hegel e o griô africano.

Mas seria necessário adivinhar se, vindas de outras partes do mundo e ainda operando subterraneamente, outras suculências da Relação abrirão, subitamente, outras avenidas, se contribuirão para corrigir, em breve, aquilo que uma tal perspectiva ainda poderá suscitar de excludente, etnocêntrico e simplificador.

*

No que concerne à literatura, duas criações contemporâneas representam, para mim, o jogo da errância e da Relação, sem que seja necessário que eu as isole em um Panteão que elas recusariam.

A obra de certa forma teológica de William Faulkner. Diríamos que ela trata de escavar as raízes de um lugar evidente, o Sul dos Estados Unidos. Mas a raiz assume a aparência de um rizoma, as certezas não estão fundadas, a relação é trágica. O desenrolar da fonte, o enigma sagrado, mas doravante inexprimível do enraizamento, fazem desse universo de Faulkner um dos momentos vibrantes da poética moderna da Relação. No passado, eu havia lamentado que um universo como esse não estivesse mais difundido pelos arredores: pelo Caribe, pela América Latina. Mas talvez essa reação derivasse apenas do ressentimento inconsciente de quem tinha se sentido excluído.

A obra errática de Saint-John Perse, em busca daquilo que se move, do que avança em absoluto.[3] Obra que convida à totalidade – até a exaltação irredutível de um universal que se esgota, de tanto se dizer.

POÉTICAS

Foi no século XIX que as línguas francesa e inglesa terminaram de acompanhar, depois da língua espanhola que já tinha se impregnado na América do Sul, e da língua portuguesa, no Brasil, uma expansão generalizada de suas respectivas culturas no mundo. As outras línguas do Ocidente, o alemão, o italiano ou o russo, por exemplo, apesar de tentativas limitadas de colonização, não se moveram por essa propensão à exportação, o que, na maioria das vezes, cria um tipo de vocação ao universal. Quanto às línguas não ocidentais, o quéchua ou o suaíli, ou o híndi e o chinês, elas são endógenas e não proliferantes; suas poéticas ainda não sugerem uma implicação nesse movimento das histórias do mundo.

Nosso propósito é sugerir que, nesse quadro delimitado de uma língua – a francesa – que compete para descobrir o mundo e dominá-lo, a produção literária é, em parte, definida por essa descoberta, e que muitos aspectos de suas poéticas foram transformados por ela; mas que persiste, em relação a essa língua francesa, por exemplo, uma resistência obstinada a qualquer tentativa de esclarecimento nesse assunto. É como se, ao entrar em uma poética da Relação mundial, que assumirá o lugar da antiga hegemonia, a ideia coletiva em ação na língua optasse por ocultar sua relação de expressão com o outro, em vez de concordar com uma participação que não supusesse preeminência.

Os teóricos da questão literária agarraram-se, na maioria das vezes, com felicidade, à determinação das poéticas graças às quais se acredita que a literatura francesa, a partir desse século XIX, entrou na modernidade. Formulou-se, assim, uma teoria das profundezas, uma prática da linguagem-em-si,

POÉTICA DA RELAÇÃO > *47*

uma problemática da estrutura do texto. (Estou simplificando bastante, no limite do ultraje crítico.) Fingiu-se esquecer que um dos sentidos-plenos da modernidade é dado, tanto aqui como em qualquer lugar do mundo, por esse trabalho em que as culturas dos homens se identificam umas com as outras, para então se transformarem mutuamente.

Poética das profundezas. Seus primeiros terrenos são explorados por Baudelaire. Extensão vertiginosa, não sobre o mundo, mas em direção aos abismos que o homem traz consigo. Ou seja, essencialmente, o homem ocidental, que naquele momento rege o movimento da modernidade e lhe impõe o ritmo. O espaço interior é tão infinito de ser explorado quanto os espaços terrestres. Ao mesmo tempo que descobre as múltiplas variedades da espécie que constitui, o homem sente que a suposta rigidez do conhecimento é uma delusão, e que, a respeito de si mesmo, ele só saberá o que dará aos outros a conhecer. O que, desse modo, Baudelaire rompe no lirismo romântico é essa pretensão de que o poeta seria o mestre introspectivo de suas alegrias ou de suas dores; e que estaria em seu poder tirar daí, simples e claramente, lições proveitosas para todos. Essa beatitude romântica é varrida pelos odores emaranhados da carniça baudelairiana.

A poética – assim como a psicologia das profundezas – não renuncia, no entanto, à certeza de um modelo universal, de um tipo de arquétipo da humanidade, certamente difícil de identificar, de definir, mas que seria a garantia de nosso conhecimento sobre o assunto, ao mesmo tempo que seu objetivo final. Por outro lado, elas tenderam a deslocar o campo desse conhecimento, primeiro despossuindo o sujeito soberano (ele precisa do conhecimento – do olhar, da escuta – de um outro), e depois submetendo-o a esse outro (ele fala "dentro" das estruturas de todo conhecimento manifesto.)

Uma poética da linguagem-em-si. Ela sanciona o momento em que a língua, satisfeita de sua perfeição, deixa de se dar deixa de se dar como objeto à narrativa de sua relação com o entorno e se concentra em seu único ardor de extravasar seus limites, de manifestar profundamente os elementos que a compõem – com o único intuito de maquiná-los. Essa prática não é livre de divagações, uma vez que a divagação recusa por completo a narrativa: Mallarmé sabia disso. A questão não será descobrir ou contar o mundo, mas produzir-lhe um equivalente, que será o Livro, onde tudo estará dito, sem que nada seja transmitido.* Mallarmé, que certamente sentirá as tentações de outros lugares, vai esgotar sua energia apenas encenando essa linguagem de tamanha totalidade. O mundo como livro, o Livro como mundo. Seu heroísmo no confinamento é um modo de celebrar a totalidade, desejada, sonhada, no absoluto da palavra.

A poética da linguagem-em-si tende a uma ciência que, por definição, só se exerceria nos limites de uma dada língua. Ela renunciaria (não obstante Mallarmé, que era, com grande prazer, professor e tradutor de inglês) às nostalgias das outras línguas – do infinito das línguas possíveis – que germinam hoje em toda literatura.

Uma poética da estrutura. O criador do texto se apaga, ou, melhor, se anula, para se revelar, na textura do que ele mesmo criou. Assim como a narrativa havia sido evacuada da poética mallarmeana, a História (no sentido que o Ocidente deu a esta palavra) é relativizada na opinião estruturalista. Aguçamento de uma outra renúncia, sutil, do mundo tal como ele se faz, ou seja, tal como ele escapa ao controle desses descobridores que foram os explorado-

---

* Eu quis questionar, em *O discurso antilhano*, essa equivalência.

res, os comerciantes, os conquistadores, os etnólogos, os homens esclarecidos, os homens de fé e de lei que vieram do Ocidente.

A atualidade, mais neutra do que áspera, do objeto – o estreitamento do local –, o desprezo com qualquer pensamento que se teria querido falsamente conclusivo – o literal e o achatado – poderiam, assim, apontar algumas das considerações que se relacionariam às obras de vários autores franceses contemporâneos, ou pelas quais estas seriam abordadas, no contexto dessa poética.

Profundidades, ciência da linguagem, descobrimento do texto, essas três instâncias se revezaram para esboçar, aos olhos dos intérpretes, a problemática da literatura francesa desde o Romantismo. Mas existe uma outra, despercebida, ou mais precisamente evitada, que chamaremos de poética da Relação.

As culturas do mundo sempre mantiveram relações mais ou menos próximas ou ativas entre elas, mas foi apenas na época moderna que algumas condições foram decisivamente reunidas, precipitando a natureza dessas relações.

O sentimento difuso da realização do mundo, no sentido geográfico, retirou da descoberta do outro o que ela tinha de aventureiro e talvez de místico. O encolhimento das zonas inexploradas no mapa do mundo tornou, desde o início deste século, o espírito menos apaixonado pela aventura ou menos sensível a sua beleza, inclinando-o ao problema da verdade dos seres. Compreender as culturas foi, então, mais gratificante do que descobrir as novas terras. A etnografia ocidental estruturou-se a partir dessa necessidade. Mas veremos, talvez, que o verbo "compreender" tem, aqui, um sentido repressivo assustador.

ÉDOUARD GLISSANT > 50

Os contatos entre as culturas – este é um dos dados da modernidade – não serão mais gerenciados por meio das imensas praias temporais que em outros tempos permitiam encontros e reciprocidades tão imperceptivelmente ativas. O que acontece alhures repercute imediatamente aqui. Antigamente, as influências culturais eram antes de tudo gerais, afetando progressivamente as comunidades; hoje, o indivíduo, sem ter que se deslocar, pode ser diretamente alcançado pelo alhures, às vezes até antes que a sua comunidade, família, grupo social ou nação tenha sido enriquecida pelo mesmo alcance. Essa repercussão imediata e fragmentária sobre os indivíduos, enquanto tais, autorizou, na Europa, os pressentimentos dos primeiros poetas da Relação, Victor Segalen ou Raymond Roussel ou Le Douanier Rousseau.

Finalmente – terceira condição –, a consciência da Relação se generalizou, incluindo o coletivo e o individual. Nós "sabemos" que o Outro está em nós, que não apenas ressoa em nosso devir, mas também na maior parte de nossas concepções e no movimento de nossa sensibilidade. O "Eu é um outro" de Rimbaud é historicamente literal. Um tipo de "consciência da consciência" nos abre, apesar de nós, e faz de cada um o ator conturbado da poética da Relação.

A partir do momento em que as culturas, as terras, as mulheres e os homens não estavam mais por descobrir, mas por conhecer, a Relação representou um absoluto (ou seja, uma totalidade finalmente suficiente para si mesma) que, paradoxalmente, nos teria livrado das intolerâncias do absoluto.

Na medida em que nossa consciência da Relação é total, ou seja, imediata e, no entanto, imediatamente relacionada com a totalidade realizável do mundo, nós não precisamos mais, ao evocarmos uma poética da Relação, acrescentar: relação entre o quê e o quê? É por isso que a palavra francesa

POÉTICA DA RELAÇÃO > *51*

"Relation",* que funciona um pouco ao modo de um verbo intransitivo, não corresponderia, por exemplo, ao termo inglês "relationship".

Nós dissemos que a Relação não instrui apenas o transmitido, mas também o relativo e, ainda, o relatado. Sua verdade sempre aproximada se dá em uma narrativa. Pois se o mundo não é um livro, não é menos verdade que o silêncio do mundo nos levaria, por nossa vez, à surdez. A Relação, que conduz e aviva as humanidades, precisa da palavra para se editar, para se continuar. Mas, como seu relatado na verdade não provém de um absoluto, ela se revela como a totalidade dos relativos postos em relação e ditos.

Considerar esse "movimento" no contexto da literatura francesa não decorre de um desejo de escolha. O que ocorre simplesmente é que duas condições se reúnem aqui: trata-se de uma cultura que projetou no mundo (com a intenção de dominá-lo), trata-se de uma língua que foi dada como universal (com a intenção de legitimar a tentativa de dominação). Ambas as intenções, não livres de uma notória parcela de generosidade, culminaram no pensamento de um Império.** Em tais condições, o pensamento poético está em alerta: sob a miragem da dominação, ele buscou o mundo verdadeiramente habitável.

---

* Em português valeria a mesma observação de Glissant sobre a ideia de intransitividade da Relação. (N.T.)

** O império é a forma, absoluta, da totalidade. O pensamento do império é seletivo: ele traz para o universal não a quantidade realizada dessa totalidade, mas uma qualidade que ele dá para o Todo. O império tenta, assim, com frequência, evitar os conflitos em sua área. Mas a paz imperial é a verdadeira morte da Relação.

Ele projetou em direção a. Como se estivesse recomeçando o trajeto do velho nomadismo em flecha. É por isso que os movimentos dessa poética podem ser identificados no espaço em tantas trajetórias, e a própria finalidade da alçada poética será de completá-las para aboli-las. Essas trajetórias conectam os lugares do mundo em um conjunto de periferias, enumeradas em função de um Centro.*

A primeira dessas trajetórias levará então do Centro em direção a essas periferias. Tomarei como exemplo inicial a obra de Victor Segalen; mas será mesmo necessário citar todos aqueles que vivenciaram desde então, sob registros apaixonados, críticos ou possuídos, racistas ou idealistas, desordenados ou racionais, o chamado do Diverso? De Cendrars a Malraux, de Michaux a Artaud, de Gobineau a Céline, de Claudel a Michel Leiris?

Um segundo itinerário se desenha na sequência, das periferias em direção ao Centro. Poetas, que nasceram ou que viveram alhures, sonham com a fonte de seu imaginário e, conscientemente ou não, "fazem a viagem em sentido inverso", dando o seu melhor para isso. Jules Supervielle e Saint--John Perse e Georges Schehadé.

Num terceiro momento, a trajetória é abolida; a projeção em flecha curva-se. A palavra do poeta leva da periferia à periferia, reproduz o rastro do nomadismo circular, sim; ou seja, ela constitui toda periferia em centro, e, mais ain-

---

* Esbocei esse caminho em *L'intention poétique*: "Do Um ao universo – Do diverso ao comum – O nós do outro – O outro do nós". Em *La lézarde*, evoco pela primeira vez a perspectiva de um Centro, para avaliar nossas alienações.

Samir Amin desenvolveu uma teoria global da economia planetária, articulada em Centros (de produção e de controle) e Periferias (de recepção). Sua conclusão é a da necessidade, para essas periferias, de uma economia autocentrada, procedendo de uma vontade firme de "desconexão" em relação ao sistema global.

da, abole a própria noção de centro e periferia, aquilo que germinava no impulso poético de um Segalen. Kateb Yacine, Cheikh Anta Diop, Léon-Gontran Damas, e todos aqueles que eu não saberia nomear.

Então chega o tempo em que a Relação não se profetiza mais em uma série de trajetórias, itinerários que se sucedem ou se contradizem, mas, a partir dela-mesma e nela-mesma, se explode, à maneira de uma trama inscrita na totalidade suficiente do mundo.

O pensamento decisivo de Segalen é que o encontro do Outro ativa o imaginário e o conhecimento poético. É claro que não se trataria de hierarquia no ponto de vista das relações com o outro; mas chamo a atenção para o fato de que Segalen não apenas diz que o reconhecimento do outro é uma obrigação moral (o que seria uma generalidade rasa), mas que ele o torna um componente estético, o primeiro preceito de uma verdadeira poética da Relação. O poder de sentir o choque do alhures é o que nomeia o poeta. O Diverso, a totalidade quantificável de todas as diferenças possíveis, é o motor da energia universal, que deve ser preservada das assimilações, dos modos passivelmente generalizados, dos hábitos padronizados.

Segalen escreve romances que também são estudos etnográficos, proclamações e defesas, esforça-se em explicar o procedimento de Gauguin (seu duplo, diga-se de passagem); ele também projeta as linhas diretrizes de um ensaio teórico sobre o exotismo, considerado como a experiência do inédito e não um deleite fútil do novo. Ora, da mesma forma que Mallarmé não conseguiu concluir o seu Livro, Segalen não concluirá essa obra de fundo, cujo esencial foi, felizmente, preservado. A teoria do poema é rebelde ao dizer.

A Ásia, outra terra de conjunção e permanência, é o lugar onde, passando ao largo dos dramas que ali se enredam, esses três poetas, entre outros, se encontram e se acompanham: Segalen, Claudel, Saint-John Perse. Uma parte importante de sua obra aí se compõe. Mas Saint-John Perse seguiu o caminho inverso de Segalen. Ele começou fixando na memória o cenário de sua ilha natal, a Guadalupe, e esses serão os Éloges. Porém, sua real vocação já era partir, não importa o que tivesse que sofrer. Segalen vai em direção ao outro, corre em direção ao alhures. Saint-John Perse, que nasceu nesse alhures, volta ao Mesmo – em direção ao Centro. Ele proclama a universalidade da língua francesa, e que ela será sua pátria. Os poemas que seguirão tentarão até o fim construir as catedrais sussurrantes desse universal eleito.*

O mesmo acontece nos poemas de Georges Schehadé: uma fragmentação do local, uma fantástica fantasia para soltar toda a geografia conhecida, que profeticamente dão conta, muitos anos antes do acontecimento, da dramática explosão do Líbano, lugar de Relação. Aí também, na suspensão aérea da linguagem, anuncia-se uma renúncia à terra: uma desorientação do verbo – que acaba se ligando à única instância a que se poderia recorrer, a graça poética da língua francesa.

Tentativas como essas, em que o patético se confunde com o gênio, foram anunciadas por ensaios muito menos convincentes de retorno, e, devemos dizer, de reinserção pela língua, como os dos parnasianos Leconte de Lisle e José María de Heredia, por exemplo. Sem contar a incomensurável aventura, à altura do absoluto, desse outro poeta, que veio do alhures, e que também quis, assim como Saint-John Perse, "habitar seu nome", fazer da língua sua pátria: o Conde de Lautréamont.

---

* Iremos refletir sobre essa errância enraizada do poeta.

Esse pensamento do Mesmo e do Outro[1] acabou instigando os poetas, mas se banalizaria completamente assim que o surgimento dos povos tornou obsoleta sua formulação. As histórias, convergentes, também se juntaram a essa parte das literaturas do mundo, fazendo nascer novas expressões "dentro" da mesma língua. Os poetas magrebinos, antilhanos, africanos não rumam alhures em um movimento de projeção, nem retornam a um Centro. Eles constituem suas obras em metrópoles, acompanhando o surgimento de seus povos. O antigo espaço da trajetória, a espiritualidade do itinerário (que sempre conduziu de Paris a Jerusalém ou a outro lugar) cedem à compacidade realizada do mundo. É preciso entrar nas equivalências da Relação.

Se tenho acumulado tantos lugares comuns a respeito dessas tendências tão facilmente decifráveis na literatura de expressão francesa, tenho como desculpa que o acúmulo dos lugares comuns talvez convenha para a abordagem do meu verdadeiro tema – os emaranhamentos da relação mundial – e que quase tudo o que foi dito a respeito dessas tendências, tratando-se da poética da Relação, foi feito de maneira fragmentária, reticente, obstinadamente cega.

É que as trajetórias (do aqui europeu a alhures) acabam, como já assinalei, abolindo o que ontem foi sua oportunidade primeira: a projeção linear de uma sensibilidade sobre os horizontes do mundo, a vetorização do mundo em metrópoles e colônias. O pensamento teórico repugna consagrar essa abolição, demolir seus bastiões. Ele engana o impulso do mundo, esquiva-se dele. Inventa para-ventos.

É por isso que a poética da Relação nunca é conjetural e não supõe nenhuma rigidez de ideologia. Ela contradiz as confortáveis certezas relacionadas à suposta excelência de uma língua. Poética latente, aberta, de intenção multilíngue, em contato intenso com tudo o que é possível. O pensamento teórico, que visa o fundamental e o alicerce, com que ele na verdade se parece, furta-se a essas trilhas incertas.

A circulação e a ação da poesia não mais conjecturam um determinado povo, mas o devir do planeta Terra. Eis aí, novamente, um lugar comum que vale a pena repetir. Esse movimento, aqui identificado nas literaturas francesas, como devemos saber, e nós sabemos, opera para todas as outras, a partir de uma perspectiva a cada vez diferente. Todas as expressões das humanidades abrem-se para a complexidade flutuante do mundo. O pensamento poético preserva nela o particular, visto que é a totalidade dos particulares realmente seguros que garante, sozinha, a energia do Diverso. Mas trata-se de um particular que a cada vez se coloca em Relação de uma forma completamente intransitiva, ou seja, com a totalidade finalmente realizada dos particulares possíveis.

Quando dizemos que essa poética da Relação está se tramando, que ela não mais projeta, que ela se inscreve em uma circularidade, não nos referimos a um circuito, a uma linha de movimento que se curvaria sobre si mesma. Na verdade, a trajetória, mesmo infletida, aí não tem mais valor. Quantas outras problemáticas, emitidas em quantas outras regiões do mundo, e sob quantos auspícios diferentes, vieram ao encontro daquela que evocamos aqui, organizando a ronda na totalidade-Terra? Imaginamos então, em uma circularidade em volume, a estética revelável de um Caos, que não é redutível a nenhuma simplicidade normativa e cujo mais ínfimo detalhe é tão complexo quanto o conjunto. Cada uma de suas partes desenha um movimento implicado naquele de todas as outras. As histórias dos povos levaram a essa dinâmica. Elas não precisam parar de correr em suas errâncias para juntar-se à movimentação, uma vez que nela estão inscritas. No entanto, elas só podem "dar-se-com" essa movimentação no momento em que ultrapassam a simples anuência com sua pulsão linear para consentir com a dinâmica global – por uma prática de autorruptura e de interligação.

Nós não mais revelamos em nós a totalidade por fulguração. Aproximamo-nos dela por acúmulo de sedimentos. A poética da duração – outro *leitmotiv* –, que estava no princípio dos livros sagrados ou fundadores de comunidade, reaparece e transmite a poética do instante. A fulguração é o tremor de quem deseja ou sonha com a totalidade impossível, ou que está por vir; a duração exorta aqueles que tentam vivê-la, quando as histórias conjuntas dos povos lhe desenham a aurora.

O sedimento é, então, antes de tudo, o país onde o teu drama se ancora. Ainda que ela não seja uma pura abstração no lugar do antigo conceito de universal, a Relação não implica ou autoriza qualquer desprendimento ecumênico. A paisagem de tua palavra é a paisagem do mundo. Mas sua fronteira está aberta.

No que me diz respeito, cito o Caribe como um dos lugares do mundo em que a relação se dá mais visivelmente, uma das zonas de resplendor em que ela parece se fortalecer. A palavra resplendor deve ser entendida aqui com o duplo sentido de iluminação e de explosão.

Essa região sempre foi um local de encontro, de convivência, e também de passagem para o continente americano. Eu a definiria, em comparação ao Mediterrâneo, que é um mar interior, cercado de terras, um mar que concentra (que, na Antiguidade grega, hebraica ou latina, e mais tarde na emergência islâmica, impôs o pensamento do Um), como, ao contrário, um mar que explode, estilhaça as terras espalhadas em arco. Um mar que difrata. A realidade arquipelágica, no Caribe ou no Pacífico, ilustra naturalmente o pensamento da Relação, sem que se deva deduzir qualquer vantagem dessa situação.

O que aconteceu no Caribe, e que poderíamos resumir com a palavra crioulização, dá-nos a ideia a mais aproximada possível. Não apenas um encontro, um choque (no sentido senegalês), uma mestiçagem, mas uma dimensão inédita que permite a cada um estar ali e alhures, enraizado e aberto, perdido na montanha e livre sob o mar, em acordo e em errância.

Se pensarmos a mestiçagem como, em geral, um encontro e uma síntese entre dois diferentes, a crioulização aparece-nos como a mestiçagem sem limites, cujos elementos são múltiplos, e as resultantes, imprevisíveis. A crioulização difrata, quando alguns modos da mestiçagem podem concentrar mais uma vez. Está aqui destinada ao estilhaçamento de terras, que não são mais ilhas. Seu símbolo mais evidente está na língua crioula, cujo gênio é o de se abrir sempre, ou melhor, talvez, o de apenas se fixar conforme sistemas de variáveis que teremos não só que imaginar, mas também definir. A crioulização conduz assim à aventura do multilinguismo e ao estilhaçamento sem precedentes das culturas. Mas o estilhaçamento das culturas não é sua dispersão, nem sua mútua diluição. Ele é o sinal violento de sua partilha consentida, e não imposta.[2]

O mesmo acontece, embora sob aspectos bastante diferentes, com as Américas. Não posso deixar de pensar que esses itinerários que esbocei a respeito das literaturas de expressão francesa foram há muito percorridos pela literatura dos

Estados Unidos, em sua relação com o tronco comum que é a língua inglesa. Da periferia em direção ao Centro, com Henry James; em uma poética total da Relação, com Walt Whitman; na afirmação das diferenças, com os poetas negros americanos; na constituição do que era considerado periferia no Centro, do particular em universal não generalizante, com Willliam Faulkner (esse *"failed poet"*), cuja obra praticamente nunca foi além dos limites desse "selo postal" do condado de Yoknapatawpha, duplo literário de Oxford, no Mississippi, sua cidade de eleição.

Nas literaturas brasileira e hispano-americanas, esse desafio ainda: o estilhaçamento da palavra barroca, os entrelaçamentos do tempo, o emaranhado dos séculos e das selvas, a mesma voz épica que se amarra novamente na trama do mundo, para além das solidões impostas, as exigências e as opressões.

Assim, o que era em Segalen, e em tantos outros, um desejo de poeta à descoberta do mundo, tornou-se para todos uma obra de poeta compartilhando a vida do mundo.

Ao longo deste livro, torno a passar pelo que, para mim, há tanto tempo, constitui as linhas de força de uma tal poética: a dialética do oral e do escrito, o pensamento do multilinguismo, a balança do instante e da duração, o questionamento dos gêneros literários, a força barroca, o imaginário não projetante.[3] Mas essa repetição em *continuum* indica ela mesma e suficientemente que uma tal poética não se acaba em um absoluto qualitativo. Pois a Relação, na verdade, não é um absoluto ao qual toda obra tenderia, mas uma totalidade – fica para nós elucidar em quê ela não se sustenta – que por força poética e prática, e ininterruptamente, procura se aperfeiçoar, se dizer, em suma, simplesmente se completar.

UMA ERRÂNCIA ENRAIZADA

A universalidade de Saint-John Perse é opcional. Não porque ele a tenha postulado de modo desolado (como aquele que se refugia no pensamento do universal, por não levar em conta nenhuma situação específica), mas porque ele a projeta decididamente, e incessantemente, adiante dele. É que Saint-John Perse partiu desse ponto em direção ao que vários poetas franceses, contemporâneos a ele, projetaram para si: o alhures diversificado, que no fim acaba sempre tentando exaltar um aqui soberano.

O aqui, para ele, é isto: "minha Europa cachorra que foi branca e, mais do que eu, poeta". Entendemos que não é no lugar de seu primeiro grito (Guadalupe) que Saint-John Perse concebe sua poética, mas nos locais de suas origens distantes, de sua proveniência ideal. A poesia tem origem em uma ideia, em uma vontade, não na literalidade do nascimento.

Esse alhures, ao contrário, é isto: uma ilha, local por excelência conjetural, onde parece que esse próprio nascimento do poeta já está marcando uma margem. O alhures não tinha portanto, como para Segalen, a cor de um sonho a ser alcançado, de uma tentação a ser satisfeita. Era dada na infância, a própria evidência de todos os alhures possíveis.

O poeta vai consagrar a aliança do alhures e do possível por duas asceses que ele reivindica e sustenta: o impossível para ele da casa natal (a antilhana), mas também, e como que por derivação, o afastamento decidido em relação a todo aqui que seria dado de antemão (que não seria meditado em uma vontade). A errância de Saint-John Perse é severa, ela inicia seu curso nesse compromisso: um aqui (a Europa) para onde se deve voltar por escolha, um alhures

POÉTICA DA RELAÇÃO > *61*

(as Antilhas), de onde se parte. Ele não teria suportado jogar o jogo dos colonos do universo, como me pareceu por muito tempo, nem ser um vagabundo, como o tentou Rimbaud. Ele alça em si o universal, forjado por impossíveis. Pelas mesmas razões, sua universalidade não frequenta o exotismo, ela exprime não somente sua austera crítica, mas sua negação natural.

A poética posta assim em questão nos interpela. Sua contradição poderia ser sublinhada em um nível elementar, e grosseiro, de análise: Saint-John Perse, descendente de uma classe de colonos, teria desejado ser um francês de nobre linhagem; alimentado pela oralidade crioula, ele teria escolhido estabelecer-se na língua francesa de puríssimo estilo. E poderíamos ir adiante, considerando, ali, feridas sob o verniz formal, um drama que se rasura e se exalta em orgulhoso enrijecimento. Não façamos nada com isso. A lição do poeta vai mais fundo. Ela abandona as paragens ordinárias que a biografia desenha.

Renunciando a "compreender" a história do lugar onde nasceu, Saint-John Perse projeta, em um futuro eternamente dado, esse Todo em que ele se funda. O lugar comum de um futuro como esse é o nome, seu nome de poeta, deliberadamente forjado: uma palavra. "Habitarei meu nome."

Assim, ele está anunciando não a obsolescência de toda narração, mas uma forma inédita da estética: a narração do universo. É por isso que a obra será fortalecida por tantos esforços de entomologista, de cartógrafo ou de lexicógrafo. O rigor da matéria e seu conhecimento enciclopédico tramam a controlada proliferação pela qual o universo transborda e se nos conta / se conta para nós.

*

Um dos lugares da memória antilhana foi, de fato, o círculo delimitado pelas sombras da noite ao redor do contador. Nas fronteiras desse círculo, estão as crianças encantadas, que são as transmissoras da palavra. Seus corpos estão quentes da febre do dia, seus olhos arregalam-se dentro do tempo que não passa. Essas crianças não compreendem as fórmulas, não apreendem as alusões, mas é a elas que o homem dos contos em primeiro lugar se dirige. Ele está prestes a adivinhar seus calafrios, o medo crédulo, o riso protetor. Sua voz vem de além dos mares, pesada pela agitação desses países da África cuja ausência é presença; ela adentra a noite, que envolve em seu ventre as crianças trêmulas.

Fico surpreso em como às vezes tentam reduzir a oralidade de Saint-John Perse a uma simples declamação. Não se saberia, porém, encená-la. Dela, espalham-se muitas praias de evidências, aqui e ali barradas por troncos, quando a língua se adensa em nódulos. A evidência declamada torna-se imediatamente transparência tautológica. Esse é o erro que se costuma cometer demasiadas vezes com o poeta, acreditar que seu texto preenche, define, o palco de um teatro. Esta oralidade não leva a nenhuma publicidade, ela é o equivalente (a alternativa) do pudor. Por baixo, a voz interior trama sua ruminação. Trata-se de uma oralidade que não se pronuncia, mas que se articula em entendimentos subterrâneos.

O que distingue Saint-John Perse do contador antilhano é, primeiramente: não há à sua volta um círculo que resume a noite. Não há tochas em volta dessa palavra; apenas a mão estendida para o horizonte que se eleva, ondulação ou alto planalto. É o infinito sempre possível. A ronda da voz é multiplicada no mundo. A oralidade de Saint-John Perse não se encerra no ruído das trevas, de onde se poderia adivinhar o entorno; ela saúda os amanheceres, quando os ecos distantes já se misturam aos sons familiares, quando a caravana toma o rumo do deserto contínuo.

Saint-John Perse não reúne a memória rasgada de um lugar, onde um outro lugar perdido ainda recua ou por fim se revela. O conto antilhano, derivado daquilo que ele guarda de rasto da África original, enlaça em ecos as ondulações desse país de antes e, recusando a sonolência da palavra transparente, faz pensar no país real, o país-aqui, do qual ele trata. Mas também esse poeta, que começa "festejando uma infância", recusa as comodidades do álbum folheado. Que memória de fato é essa que está sempre partindo? Que lugar é esse (essa casa) de onde se diz que se saiu? E essa solidão principesca entre "todas as coisas" luminosas, estilhaçadas, irreparavelmente brilhantes? O trabalho de Saint-John Perse visa empurrar a memória (do lugar, dos seres, dos espetáculos da infância) longe e para diante. Essa oralidade não convida os ouvintes para os limiares da sombra, ela nos atira cada um na definição de um por-vir. *Éloges* não é a memória torturada, que se repete em sombras, mas a suspensão que anuncia as partidas solenes. O poeta sabe que perdeu impiedosamente aquilo de que se lembrará para todo o sempre e que está abandonando.

Há simultaneamente na obra de Saint-John Perse uma totalização que poderíamos chamar de barroca e uma revolução da técnica do cantochão. Uma conduz à outra. Mas estou convencido de que esse barroco é "naturalizado", ou seja, ele não se presta a nenhuma referência, à qual se oporia. Seu desvio é sua única norma, ou, se preferirmos, sua natureza primeira. E o cantochão, que costuma ser a oportunidade para um transporte, para uma fuga, nos mantém aqui, visivelmente, em pleno mundo.

É, portanto, em torno dos jogos da memória e do lugar que se cometem, para o contador e o poeta, seus inconciliáveis. O lugar antilhano se apresenta a Saint-John Perse em uma nitidez cintilante da qual eu desconfiaria. A memória do detalhe (essa poética de instantes multiplicados) não seria exercida para afastar algo: a tentação daquilo que, no fundo da paisagem antilhana, vem há tanto tempo se movendo? Nessa passagem da obra, o brilho do instante oblitera a duração, a qual será, posteriormente, retomada, porém sob os auspícios do universal. Por outro lado, para a oralidade do conto antilhano, a pulsão dessa duração (dessa memória coletiva – dessa "história" – da qual será necessário esclarecer com todas as forças o impulso) rasura o detalhe do lugar. A obsessão de uma duração possível ofusca, aí, os brilhos, os estilhaços do presente.

Entretanto, para Saint-John Perse, assim como para o homem dos contos, a mesma aventura se prepara. Na severa transcendência do poema, assim como no arranjo artificioso do conto, as rupturas e as densidades da oralidade provocam esses impossíveis: para este, o lugar onde ele mora, para aquele, o mundo para onde ele vai.

O habitante, o peregrino vivem esse mesmo exílio.

*

Na obra de Saint-John Perse, a partida e a errância serão interpretadas como rejeição das histórias dos povos, mas sua magnificência, como ascensão da História no sentido hegeliano. Essa errância não é rizomizada, mas bastante enraizada: em uma vontade e em uma Ideia. A História ou sua negação, a intuição do Um, estes são os polos magnéticos do pensamento do Ocidente, em que Saint-John Perse fundou seu nome. Ele acreditou que a condição da liberdade para cada pessoa é não ser governada por uma história, a não ser por aquela que generaliza, nem limitada por um lugar, se este não for espiritual. Tal dimensão heroica do universal permite-nos encontrarmo-nos em sua obra, mesmo que recusemos seus modelos generalizantes.

Também pode ser que essa paixão que move a obra (a de ser estrangeira em um espaço e em um tempo – a história e o lugar antilhano – para ela tão problemáticos, e estar enraizada em tão completa errância) nos tranquilize quanto às nossas contradições vividas aqui e agora.

É que a poesia de Saint-John Perse, não sendo a composição épica das lições de um passado, antevê um novo modo de relação com o Outro, que, paradoxalmente, e mesmo devido a essa paixão pela errância, profetiza a poética da Relação. O perpétuo ir-se permite amalgamar pedras, tecer a materialidade do universo, com o qual Saint-John Perse faz sua narrativa. Assim, no final, ele encontra Victor Segalen, de quem pouco falou, certamente porque seus itinerários, da mesma suntuosa maneira, mas em sentido oposto, estão se desfazendo.

*

Nesse caminho do mundo, ele nos antecede, ignorando-nos. Quando nos juntamos a ele, ele sempre desenha para nós, embora fixadas em sua generosa renúncia, as figuras de nossas solidões a serem compartilhadas.

II

ELEMENTOS

*O elementar se recompõe
absolutamente*

ENSAIOS:

Esse fluxo de convergências, publicado sob a forma do lugar comum. Este não é mais generalização recebida, nem conveniência ou insignificância – não é mais evidência enganosa, que abusa do senso comum –, mas obstinação e reincidência desses encontros. Por toda parte, a ideia oscila. Quando você acende uma observação, uma certeza, uma esperança, eles já estão se esforçando em algum lugar, alhures, sob um outro modo.

Portanto, aqui e ali, a repetição é um modo confessado do conhecimento. Retomar sem trégua o que você desde sempre disse. Consentir com o impulso infinitesimal, com o acréscimo, talvez despercebido, que no seu conhecimento se obstinam.

O difícil é que o acúmulo desses lugares-comuns não naufrague em uma rabugice apática – a arte previne isso! O provável: que você vá até o limite de todas as confluências, para demarcar suas inspirações.

EXTENSÃO E FILIAÇÃO

Do mito ao épico, no Ocidente, a causa oculta (a consequência) é a filiação, cuja obra se encaixa num dado linear do tempo e sempre em uma projeção, um projeto.

Podemos supor que esses imperativos da filiação foram nela reanimados pela energia que as filosofias do Um propagavam. Em todo lugar, como por exemplo na Índia, onde o tempo não foi concebido linearmente, onde as filosofias não meditaram sobre o Um, mas sobre o Todo, os mitos fundadores não geraram o processo da filiação.* As concepções da origem do mundo (de sua criação) não foram corroboradas em uma sequência genealógica, que teria enraizado a espécie (a raça, o povo) nesse ato primeiro.

Quando uma "criação do mundo" é repetida (certificada) em uma filiação, esta deriva dela com rigor, ou seja, é legitimada pelo próprio fato de que redesenha de trás para a frente o trajeto da comunidade, desde seu presente até esse ato da Criação. Esta visão não está no princípio de todos os mitos ocidentais, mas foi ela que prevaleceu, determinando o devir dessas culturas.

A comunidade mítica precede, em todos esses casos e, necessariamente, o pensamento do indivíduo, o qual, antes de qualquer outra dimensão, é um elo da cadeia de filiação.

As mitologias budistas, para estabelecermos uma comparação que se parece com um lugar comum, são fundadas em ciclos temporais e concebem primeiro e unicamente o

---

* Entre os maias e astecas, um tempo cíclico – sustentado por uma paixão pela datação – coincidiu com uma tensão em direção à filiação que remonta ao mais distante possível, nas idades antigas, sem, no entanto, ancorar no indubitável de uma "criação" do mundo.

indivíduo (ele próprio impermanente, ou quase), cujas "histórias" devem se aperfeiçoar por dissolução no Todo. O Buda é a individuação exemplar, não necessariamente original, cuja unicidade se deve a tal realização. O que distingue o Um da unicidade é, quanto a esta, a ausência total de um conhecimento generalizável. Cada indivíduo se esforçará em acompanhar de muito longe o exemplo de Buda, auxiliado por um conjunto de preceitos rituais que não constituem um corpo de Saber. A cronologia – a linearidade – da comunidade (que, no Ocidente, se tornará a História) não possui aqui nenhuma competência.*

Pelo contrário, as mitologias ocidentais só concebem o indivíduo a partir de sua participação na comunidade. Será necessário o acontecimento do Cristo (que rompe com a participação comunitária hebraica, apoiando-se nela, e faz entrar a humanidade na universalidade cristã) para que o indivíduo, como tal, sublime na sua dignidade o devir da comunidade.

Nesse momento, a cadeia de filiação (como uma causa oculta) não será nem detestada nem renegada. O Cristo é, antes de tudo, o Filho. Ele consagra a filiação: sendo descendente de David e ao mesmo tempo Filho-de-Deus, que é Deus – diante do qual seria talvez herético dizer que *também ele* é Deus.

A individualização crística não teve por consequência um refluxo de história, um recomeço cíclico, mas, ao contrário, generalizou (pela universalização do tempo linear, *antes*

---

* Eu relativizo esta avaliação quando se trata das culturas chinesas, das quais, talvez, não pudemos – pelo menos em meu conhecimento, que é medíocre – estudar o sentido-pleno que elas dão à relação histórica, nem se elas consideram ou não filosofias da História.

(Recapitulamos o que sabemos desses movimentos, tentando considerar como eles chegaram até nós. Nós nos enganamos muitas vezes. O importante é refazermos, nós mesmos, esse caminho.)

e depois de Jesus Cristo) a cronologia da espécie, inaugurando uma História da Humanidade. Diz-se que, quanto a isto, Cristo teria marcado um corte determinante, incorporando as histórias das comunidades a essa História generalizada.

No entanto, essa cadeia da filiação crística será considerada não absoluta, no momento em que um outro desdobramento, dessa vez com fundamento científico, inscreverá a espécie na fileira da evolução. Essa fileira não passa afinal da visão objetivada da antiga filiação, aplicada não à legitimidade de uma comunidade étnica, mas à generalidade natural de todas as espécies conhecidas.

A generalização inspirada em Cristo foi nesse momento sucedida pela generalização proposta por Darwin, uma e outra opondo-se em um primeiro instante. Em ambos os casos, tratava-se de transcender a antiga filiação mítica, ligada ao devir de uma comunidade, para ultrapassá-la numa concepção generalizante, que teria, contudo, mantido a força do princípio de linearidade e que teria "entendido" e motivado a História.

No pensamento budista, cujo horizonte é a dissolução do indivíduo no Todo, a individuação foi o único paradoxo. Nos pensamentos ocidentais, ciosos da dignidade da pessoa humana e que provêm de uma aventura individual, há, no fim, e por um outro paradoxo, apenas generalização. A História (natural ou da Humanidade) germina nas filosofias do Um.

Que o pensamento do Um não seja o pensamento do Todo, é isso que os mitos mediterrâneos nos dizem. Cada um exprime uma comunidade, como transparência ingênua para si mesmo, opacidade ameaçadora para o outro. Eles são funcionais, mesmo que de uma maneira obscura ou indireta. Eles sugerem que a opacidade de si para o outro é irredutível e que, portanto, não importando qual seja a opacidade do outro por si (pois não existe mito que legitima o outro), a questão será sempre trazer esse outro à transparência vivenciada por si: só lhe restará então ser assimilado ou aniquilado. Aí está todo o princípio e o processo da generalização.

Existe, então, no mito, uma violência oculta, que se prende nas malhas da filiação e que recusa absolutamente a existência do Outro como elemento de relação. O mesmo acontece com o épico, que singulariza uma comunidade na ligação com o Outro, e não pressente o ser senão em si mesmo, por não vê-lo jamais como relação.

No mito ou no épico, o ser (que eu diria: ser-como-ser) não participa, evidentemente, do indivíduo, mas não é nem mesmo nele "pressentido". Depois, com Platão, o indivíduo passa a ser o túmulo da alma, e assim o filósofo inaugura, na linhagem do pensamento próximo-oriental, esse processo de individuação e de generalização, harmônicos e contraditórios, que será aperfeiçoado (resolvido) no acontecimento crístico. O que Cristo manifesta, ele e apenas ele, é a encarnação sem decadência, a filiação sem o peso da hereditariedade. Nele, o ser parmenidiano e o ser platônico encontram-se. Pode-se, entretanto, propor que o verdadeiro "corte" no pensamento ocidental havia ocorrido com Platão.

A filiação está explícita no Antigo Testamento; ela é implícita na *Ilíada*, em que os filhos dos deuses (filhos reconhecidos ou eleitos) projetam o jogo de rivalidades que opõem os imortais entre si. É a legitimidade que é perturbada com o rapto de Helena (a mestiçagem ameaçadora entre Oriente e Ocidente); talvez seja ela, indissociável do projeto de descoberta e de conhecimento, o motor trágico da *Odisseia* (a fidelidade recíproca de Ulisses e de Penélope); é ela, em todo caso (a mestiçagem realizada), que atinge e fragiliza a epopeia de Alexandre. A filiação é indispensável para o projeto da *Eneida*. E se Dante não recorre a ela para *A divina comédia* (uma vez que Cristo já tinha realizado a Igreja universal), ele não deixou de colocar sua viagem no inferno – em suma, no nosso mundo – sob a orientação iluminada de Virgílio (*tu duca, tu segnore, e tu maestro*), não apenas porque Virgílio era, na época, o mestre em poética, mas também porque, aquém do corte crístico, ele restabelece a continuidade (por preocupação e trabalho de filiação) com uma das matrizes do mito, a cidade de Troia. De Homero a Virgílio, a ameaça da mestiçagem cessou de parecer calamitosa. Assim, *A divina comédia*, um dos maiores monumentos da generalização crística, chama a atenção desde o início para essa filiação que era comum aos velhos mitos e à nova religião, e que religa a uma criação do mundo.

Se condenso em um resumo simplificador o que procurei considerar a respeito desses dois "movimentos" ocidentais de generalização (crística e darwiniana), e se os comparo com o que penso saber de seu equivalente budista, chego à seguinte formulação:

CRISTO – A uma comunidade étnica indivisa, legitimada pela filiação, aplica-se o ato de individuação que inaugura uma História da Humanidade. À linearidade exclusiva dessa filiação sucede-se então a linearidade não diversificável de uma realização.

DARWIN – A uma indistinção original aplica-se a obra da Seleção, que rege a evolução e determina a distinção dos gêneros e das espécies. A linearidade do processo introduz à generalização diversificável da História natural.

BUDA – Por meio de um movimento primordial de circularidade, o indivíduo se esforça, buscando a perfeição, rumo a uma dissolução no Todo. Suas vidas sucessivas são os ciclos ("as histórias") desse aperfeiçoamento e não constituem linearidade. No final de um processo, ele se reencarna: ele é o mesmo e outro.

Importa poucó que a generalização crística tenha procedido de uma eleição, enquanto a darwiniana resultou de uma constatação: ambas se reportam a um mesmo espírito de universalidade – ao encontro do exclusivo da comunidade ou do heteróclito da natureza. Ambas se realizam na ponta de uma linhagem, são e se tornam propagação de um Saber. O enrodilhar budista nunca é de generalização: ele não procede a nenhuma linearidade, não decorre da individuação. A aproximação do nirvana não é generalizável em saber, mas particularizada em conhecimento.

Do épico ao trágico, a consequência (a causa oculta) é, portanto, a legitimidade.

O trágico nasce de toda situação em que o consentimento comunitário está ameaçado. Existe "trágico" porque a ameaça só será identificada (afastada ou diferenciada) no momento em que a comunidade *perceber* que a cadeia de filiação foi rompida. A ação trágica é o desvelamento desse inapercebido.

Aquilo que, ao criar o trágico, ameaça a comunidade é o ilegítimo, que introduz ao dissoluto. A ação trágica, arte da opacidade e do desvelamento, é a seguinte resolução do dissoluto: uma busca (e um restabelecimento) da legitimidade. A mesma que, no mito e no épico, havia garantido o consequente rigor por meio do qual toda comunidade se tinha ligado ao ato primeiro da Criação. Se a legitimidade é rompida, a cadeia da filiação não tem mais sentido e a comunidade erra pelo mundo, sem mais poder reivindicar uma necessidade primordial. A ação trágica absorve esse desequilíbrio.

Essa ação é progressiva e exerce-se em uma opacidade, pelo motivo de que a violência relacionada à filiação (a exclusão absoluta do Outro) não pode ser encarada de frente, nem de uma única vez. Um confronto como esse teria fulminado a comunidade com um excesso de conhecimento, com um tipo de curto-circuito da consciência. As guerras e as conquistas são as ocasiões que mascaram, para a comunidade, a violência dessa exclusão do Outro. Mas o que é corajosamente suportado nos conflitos cujo pretexto foi calculado ou improvisado passa a ser insuportável na meditação sagrada da raiz. Daí a importância, no trágico, da arte do desvelo. Édipo, "à primeira vista", não saberia conceber a verdade presente dentro dele.

Daí também que o que ameaça a Cidade é exatamente o que elege nela um herói predestinado, concentrador de trovões, que assume para si a resolução do dissoluto. Tal resolução não poderia ser debatida pela consciência pública: generalizar (e politizar) esse debate significaria inscrever a comunidade não mais na legitimidade primordial e sagrada que a filiação provê, mas na relação problemática – ameaçadora – com o Outro, que já compreenderia o que eu chamo aqui, sem mais explicações, de *extensão*.

É por isso que as tentativas – no teatro grego – de sustentar, "estender", a força trágica (pela diversificação dos personagens, por sua multiplicação, pela explicação das motivações...: tantas "melhorias" – de Ésquilo a Sófocles e a Eurípedes) são também caminhos que afastam do estupor sagrado, para introduzir aos poucos às formas cívicas do teatro, o drama, a comédia, e as outras.

Em um caso exemplar, o de Édipo, a reinterpretação freudiana do mito confirma o processo de filiação aí em jogo, tentando generalizá-lo. Mas veremos que o que se opõe a essa generalização de um novo tipo é realmente a extensão, força e realidade que iremos definir, e que supõe o oposto da filiação.

Diz-se que Shakespeare provou no seu teatro essa obra da legitimidade. Se há algo de podre no reino da Dinamarca, é porque a "linha" da sucessão ao trono foi rompida, exigindo a catarse vitimária de Hamlet. Na mesma época, Camões, em sua poesia épica, terá renunciado ao sacrifício de um herói propiciatório; Camões canta uma comunidade de heróis que partem para a conquista do mundo.

Mas, em *A tempestade*, Shakespeare finalmente conceberá como solidárias essas duas dimensões, a da legitimidade fundadora e a do poder de conquista. É porque Próspero é o legítimo duque de Milão que ele tem autoridade sobre o Calibã, sobre os elementos e o universo. Aqui, o destino da Cidade expande-se para as dimensões do mundo conhecido, e colonizável. A resolução do dissoluto finalmente não passa pelo sacrifício (ou punição) do herói, mas pela restauração de seu poder outrora usurpado. O que realmente distingue Próspero de Hamlet, de Macbeth, de Ricardo III e da ladainha dos pretendentes ao trono da Inglaterra (todos os personagens mergulhados em situações "com final feliz": pelo seu sacrifício ou extermínio, ou seja, pelo retorno à legitimidade), é exatamente isto: que ele se beneficia, desde o início, dessa legitimidade. É também por isso que *A tempestade* não é uma tragédia, mas um drama heroico-histórico. Pois se a peça "tem final feliz", não é do ponto de vista da comunidade (a cidade de Milão, que na verdade nunca foi ameaçada pelo dissoluto – o usurpador, o próprio irmão de Próspero, nunca tendo aparecido aliás como uma pessoa séria), mas somente do ponto de vista do herói, portador de ocidentalidade: para afirmar a legitimidade de seu poder sobre o mundo. Calibã descolonizado ocupará a extensão e contestará essa legitimidade projetante de Próspero. Ele o fará das duas maneiras que, desde a origem dos tempos, permitiram transmitir a obscuridade mítica, ou épica, ou trágica: o ardor individual do lirismo e a prática coletiva do político.

Quando de fato o épico e o trágico se esgotaram no Ocidente (quando a Cidade se assegurou de sua própria existência), eles deram lugar a esses dois modos: o lírico e o político, ambos feitos de claridade, na qual se engajaram os indivíduos tornados pessoas humanas, ou seja, dissociados do mistério sagrado da coletividade.

Mas o lírico e o político de Calibã reataram com esse mistério, com a força épica e o desvelo trágico, sem voltar, no entanto, às intolerâncias subentendidas pelo mito, abrindo assim para uma nova ordem de comunidade (do planeta Terra, doravante tão frágil e ameaçado) cuja legitimidade ainda não é nem evidente nem consagrada. Este seria o próprio objeto de uma condição inédita do trágico, de uma arte renovada do desvelo.

O que hoje está ameaçado no mundo é não apenas a legitimidade das culturas (a vivacidade dos povos), mas também a de suas relações de equivalência. Uma épica e uma tragédia modernas proporiam juntar a especificidade das nações, a opacidade consentida – mas não mais como em-si – de cada cultura, e ao mesmo tempo imaginar a transparência de suas relações. Imaginar. Pois essa transparência não está precisamente em-si. Ela não se enraíza em nenhuma legitimidade particular. Poderemos supor, assim, que o desvelo trágico se referiria a um *continuum* (em extensão) e não a um passado (colocado em filiação).

Uma épica e uma tragédia modernas exprimiriam a consciência política (não mais uma impossível consciência ingênua), mas desengajada do furor cívico; fundariam o lirismo em uma confluência de palavra e escrita, pela qual o comunitário, sem se apagar (mas sem generalizar suas verdades como o trágico cristão – Eliot ou Claudel – quis fazer), iniciaria à totalidade sem abdicar do particular; e relativizariam assim o específico sem ter que confundir o Outro (a extensão do mundo) em uma transparência redutora.*

Em uma malha como essa, a antiga força sagrada da filiação não jogaria mais com a exclusividade, deixaria de jogar seu jogo de exclusivo, a resolução do dissoluto assumiria forma pela agregação dos dispersos. É isso o que Segalen chamou de o ato do Diverso. Não haveria mais necessidade de sacrificar um herói propiciatório ou vitimário: porque podemos desatar essa trama, meditar juntos a respeito dela, reconhecermo-nos nela um ao lado do outro.

Iremos classificar o sagrado, a ordem suposta na desordem da Relação, sem sermos invadidos pelo estupor. Iremos discuti-lo sem estarmos marcados pela única e solene melopeia do Coro grego. Iremos imaginá-lo sem nos forçar em adivinhar a mão de um deus. Imaginar a transparência da Relação é também fundar a opacidade daquilo que a anima. O sagrado é a partir de nós, dessa trama, de nossa errância.

Ali (aqui), a ideia de filiação, sua energia, sua força linear não funciona mais – para nós –, nem se impõe a legitimidade enraizante e conquistadora, nem, consequentemente, a generalização de fundamento ontológico.

É o que começou a ser realizado no momento em que o Ocidente, pela primeira vez, projetou sobre o mundo. Esse projeto de descoberta e de ascendência foi concebido como absoluto em valor: a ponto de confirmar que a mesma audácia e a mesma potência de generalização tinham anima-

---

* A transparência imaginada da Relação opõe-se, assim, à transparência redutora do universal generalizante.

do as descobertas geográficas e as conquistas da ciência. A conquista do espaço terrestre e a descoberta científica (os termos são intercambiáveis) são consideradas com o mesmo valor. O absoluto da antiga filiação e a linearidade conquistadora, o projeto do conhecimento e o nomadismo em flecha, cresceram um pelo outro. Mas eu sustento que, desde o primeiro abalo da conquista, havia, em gérmen nesse movimento, e tão diferenciada quanto pôde parecer sua realização, a superação de sua dualidade fundadora.

Avancemos então além dessa dualidade. Não tomemos a indistinção descoberta-conquista, tal como ela é, por exemplo, enfatizada na obra de divulgação científica do sr. Daniel Boorstin, *Les découvreurs*, cujo subtítulo (na versão francesa, Robert Laffon, 1989) é: *D'Hérodote à Copernic – De Christophe Colomb à Einstein – L'aventure de ces hommes qui inventèrent le monde*.* Ou seja, como vocês perceberam, desses mestres da Viagem a esses mestres do Conhecimento – é tudo o mesmo. No fim do capítulo 26, intitulado "Un Empire sans besoins" [Um Império sem necessidades], sr. Boorstin escreve: "É assim que, possuindo todas as vantagens necessárias – tecnologia, inteligência, recursos nacionais – para se tornarem descobridores, os chineses se condenaram a serem apenas os descobertos".

Tal apreciação supõe que, na Relação, esses que "descobriram" conservam em absoluto o benefício dessa ação. Mas a Relação não "compreende" tais antecedentes. A *terra incognita* diante de nós é o campo inesgotável das variações nascidas do contato entre as culturas. O desvelo aplica-se a esse inesgotável, em uma extensão de novo tipo. A "descoberta", projeção, nomadismo em flecha, projeto de

---

* De Heródoto a Copérnico – De Cristóvão Colombo a Einstein – A aventura desses homens que inventaram o mundo. (N.T.)

conhecimento, perde-se aí, ou ganha em trama. As potências de dominação nela prosperam,* mas as legitimidades nela morreram.

Em *Absalão! Absalão!*, de William Faulkner, a exemplo dos ensinamentos do mito (ou, mais tarde, do complexo) de Édipo, trata-se mesmo de um incesto possível, de uma perversão da filiação. Mas o elemento decisivo – fatal – estará envolvido em outra "série de causalidade": a intrusão do sangue negro. A princípio, ele era imperceptível na primeira mulher, haitiana, do fazendeiro Sutpen. A identificação desse tronco negro (e aqui pensamos nos pavores habituais das famílias aristocratas do Sul dos Estados Unidos, que vivem assombradas por esse tipo de "erro" dos bisavós pouco precavidos) fez com que Sutpen, o fundador, repudiasse mãe e filho e replantasse seu tronco no Mississippi. Mas nem a fundação nem a filiação podem ser recomeçadas, e Sutpen é recapturado por sua história. O fato de que seu primeiro filho rejeitado ao nascer e sua filha do segundo casamento venham a se amar já é uma calamidade; mas a descoberta de que, apesar das aparências, esse primeiro filho é negro (o que, durante muito tempo, só Sutpen sabia), eis então as condições reunidas para que a cadeia da filiação se dissolva para sempre na nova extensão. Tal é, nesse romance, o objeto duplo do desvelo. O incesto deporta a filiação, e vice-versa; pois o romance sugere que ali (no Sul) o incesto poderia ser admitido – concebido –, mas não a intrusão do sangue negro – que, de todo modo, está presente.

---

* O pensamento ideológico não se satisfaz com a expressão "potências de dominação" e exige que o teor, político, econômico ou cultural, seja especificado. Hoje sabemos que esse teor não pode ser calculado de antemão e que de cada lugar de dominação, por meio da resistência dos oprimidos, emana o sentido cada vez mais preciso e não generalizável da opressão aqui e agora.

A extensão: onde a África (para nós, fonte e miragem, retida em uma representação simplificada) representa seu papel. Em toda a obra de Faulkner o amontoado dos patronímicos, das mestiçagens forçadas ou não, das linhagens duplas (negra e branca) reproduz de forma obstinada e quase caricatural o estilo de família estendida que por tanto tempo contribuiu com a formação do tecido social no Caribe. Não é por acaso que Sutpen, mesmo que a princípio não saiba, tenha encontrado seu destino no Haiti. O trágico estupor (a meu ver, tão análogo ao nome de Sutpen, que, aliás, pronunciei por muito tempo Stutpen) atinge os protagonistas dessa história, com exceção daqueles que foram eleitos por sua inocência – na medida em que o épico é ingênuo – passando a ser seus narradores. Mas a crise trágica, suntuosa e ritualmente concluída no incêndio da Casa de Sutpen, não irá restaurar a legitimidade, e sim, ao contrário, consumará o seu inevitável apagamento. O trágico faulkneriano rompe com o esquiliano: ele não contribui para restabelecer o equilíbrio da comunidade, mas destrói de forma herege o sagrado da filiação, encerrando definitivamente a história dos filhos de Salomão e esboçando a perspectiva aberta aos filhos de Snopes, o arrivista por inteiro. Como todo grande sistema trágico, a obra de Faulkner ignora, ou melhor, absorve e supera, o político e o lírico, mas permite desatar a violência e a opacidade que hoje são seus polos.

(A extensão trama-se. Salto e variação, em uma outra poética. Transversalidade. Infinito quantificável. Quantidade que não se realiza. Emaranhado que não se esgota. A extensão não é apenas espaço, ela é também seu próprio tempo sonhado.)

(Vamos então abrir outro parêntese, decisivo: o Édipo não funciona na extensão. Nem a maternidade nem a paternidade andam juntas com ela. O Édipo é tributário das leis da filiação, enquanto, ao contrário, a família estendida é circular e emaranhada, como na trama da obra faulkneriana. (E, dentro desse parêntese, cavamos outro: todas as interpretações (de nossas sociedades) dominadas pelos temas da filiação – falismo, Édipo, complexo da mãe etc., e é preciso admitir que isso se dá mais do que por necessidade – resumem projeções etnocêntricas, quase sempre ingênuas, do pensamento ocidental. E vamos além. Observo, em uma obra do sr. Roger Dragonetti,* uma interessante observação a propósito do caráter feminino das línguas (maternas) que surgiram nessa época, em contraposição à autoridade paterna, normativa, do latim:

> *O privilégio concedido à feminilidade da linguagem (imagem invertida da teologia do Pai) surge com o nascimento das línguas românicas. O que tem como consequência reunir, de modo decisivo e, de preferência, no latim, o mistério da poesia das línguas com o das línguas maternas, línguas do desejo cuja essência distante, objeto indeterminado, indeterminável, de toda busca, é simbolizada sucessivamente pela fin'amor, a irmã, a senhora, a rainha ou a mãe-virgem.*

Observação preciosa, mas penso que ela não valeria no contexto de nossas culturas caribenhas, e, por exemplo, para a emergência da língua crioula: exatamente porque – além do fato de que a língua francesa não foi, nesses tempos de crioulização, a única língua dos letrados, assim como o fora o latim da Idade Média (ainda que tenha existido, do século VIII ao XI, uma *lingua romana rustica*), mas um idioma vivo

---

* R. Dragonetti, *La vie de la lettre au Moyen âge*, Paris: Éditions du Seuil, 1980, p. 45-46.

que desempenhava alhures sua história – abandonou-se ali (aqui) qualquer imposição de filiação. A legitimidade que, nas sociedades patriarcais, atesta a filiação, também supõe a feminilidade como lugar de um contrapoder, na maioria das vezes de ordem espiritual. É o que sr. Dragonetti identifica no nascimento das línguas românicas. Nas sociedades matriarcais, a legitimidade teria sido "natural" (impossível, por exemplo, duvidar da função da mãe) e não poderia ter sido edificada como um valor.* Dessa forma, as culturas africanas, apesar da "cadeia" dos ancestrais, não me parecem obedecer às violências ocultas da filiação. O mesmo vale para nossas sociedades compósitas. As línguas crioulas, línguas maternas, variam demais para "reunir", para estimar uma essência ou valorizar em um símbolo, seja ele o da mãe ou o do pai. Sua violência ameaçada é decerto sintética, mas disseminada nessa extensão. Essa violência é levada a um paroxismo pelo dado novo que surgiu na existência das línguas contemporâneas: a consciência geral e perturbada que elas têm, por estarem sujeitas ao desaparecimento. As línguas não mor-

---

* Essas análises de fundo não impedem de constatar que a opressão exercida sobre as mulheres pode se consolidar no seio de uma sociedade matrifocal. (Quando se trata das sociedades antilhanas, sempre hesito em falar de matrilinearidade.) Nesse caso, a pressão colonial determinou grande parte das atitudes dos homens e das mulheres em suas respectivas relações. A dependência coletiva reforçou o machismo "reprodutor" dos escravos homens, mas não autorizou a eclosão de um contrapoder espiritual da feminilidade, mesmo que as mulheres tenham sido centros de resistência. Talvez seja por isso, pelo menos é o que eu penso, que as mulheres na Martinica, e em muitos outros países colonizados, tendem a negligenciar socialmente a passagem pelo feminismo, indo diretamente para a busca de poder, social e político. O feminismo é, também, o luxo com que as mulheres ocidentais, por meio de suas lutas, transformam seu antigo e pseudocontrapoder espiritual em igualdade real. Isso não impede que as violências, estupros, incestos, dos quais as mulheres são vítimas, sejam em toda parte tão elevados, em número e intensidade.

rem mais suavemente; elas não se desenvolvem mais inocentemente. Nenhum simbolismo resiste a essa confusão.) Assim como os antigos descobridores/descobertos se equivalem na Relação, o legítimo e seu contrário nela se interpelam. Ou seja, a legitimidade é substituída, e completamente, pela eventualidade. (Um dos meus interlocutores evoca aqui a função realmente generativa da *adoção*.) Não desconheço as formas de dominação perpetuadas pelos atuais herdeiros dos descobridores, nem suas vontades de restaurar "alhures" a filiação – pela imposição de modelos, familiares, culturais, e de modas ou de estilos de vida –, onde ela não tinha exercido sua potência surdamente enraizante. Mas, hoje, os enraizamentos são de outra natureza: relativizada. Não se replanta a filiação em um alhures, seu mito não é desvelável infinitamente; e não se exporta o Édipo – na extensão.

O que serão para nós, na Relação, a violência e a opacidade? É para melhor examinar tais questões que empreendemos esses percursos tramados até as fontes dos pensamentos do Ocidente, que referenciaram o mundo, mas que não o inventaram.

A antiga violência intolerante da filiação está hoje empurrada na violência anarquizante do choque das culturas, em que nenhuma projeção impõe sua linha e em que, repitamos, a legitimidade (de onde provém a sucessão imperativa da ordem das razões, associada à ordem das possessões e das conquistas) se desfaz.

A dominação herdada da conquista e da posse persiste e enfeita, mas o faz nessas circularidades volumosas em que as linhas se perderam: as iluminações decorrentes da análise ideológica não são suficientes para desencavá-la.* A

---

* Abranjo, sob a palavra ideologia, tanto as filosofias críticas quanto as políticas que contribuíram para "revelar" as ideologias.

resistência às formas atuais da dominação, tão visíveis e ao mesmo tempo imperceptíveis e intocáveis, é, por sua vez, apenas pontual, limitada a um lugar, sem a possibilidade (por enquanto) de ser suportada por um outro lugar de resistência. As internacionais do sofrimento não podem ser publicamente estruturadas nessa circularidade, enquanto as internacionais da opressão estiverem nela secretamente plantadas.

Se a intolerante violência da filiação estava outrora escondida no mistério sagrado da raiz, se estava tragicamente dada a entrada na opacidade desse mistério, se essa opacidade significava então o mistério e ocultava-lhe ao mesmo tempo a violência – era sempre em função de uma transparência final, subentendida no debate trágico. A mesma que, na história do Ocidente, prediz que existe uma verdade geral do Homem e defende que o que mais se aproxima dela é a ação projetante pela qual o mundo é realizado, ao mesmo tempo que seu fundamento é surpreendido.

Contra essa transparência redutora existe uma força de opacidade em ação. Não mais aquela que encobria e reativava o mistério da filiação, mas uma outra: manejando as suculências ameaçadas que se reúnem (sem se unirem, ou seja, sem se fundirem) na extensão da Relação.

Chamamos, portanto, de opacidade aquilo que protege o Diverso. E doravante chamamos de transparência o imaginário da Relação, que lhe vinha pressentindo há muito tempo (desde os pré-socráticos? Desde os maias? Já em Tombuctu? Desde os poetas pré-islâmicos e os contadores indianos?) os imprevisíveis turbilhões.

Durante séculos, o trabalho ocidental de "generalização" consistiu em fazer equivaler os diversos tempos comunitários, na tentativa de conferir a seu florescimento uma ordem hierárquica. Com o panorama resolvido e as equidistâncias definidas, haveria lugar para voltar a uma "degeneralização" não menos necessária? Não a um exagero renovado das especificidades, mas a uma liberdade total (sonhada) de suas relações, aberta no próprio caos de seus confrontos.

LUGAR FECHADO, PALAVRA ABERTA

1

O sistema das plantações* espalhou-se, nos mesmos princípios estruturais, no Sul dos Estados Unidos, no Caribe, na costa caribenha da América Latina e no Nordeste do Brasil. Cobriu países, no oceano Índico, por exemplo, que se enquadram no que os srs. Patrick Chamoiseau e Raphäel Confiant chamam de território da crioulidade. Dá para entender por que, em regiões tão diferenciadas linguisticamente, envolvidas em dinâmicas políticas tão divergentes, a mesma organização dá ritmo à produção econômica e funda um estilo de vida. Isso, em relação ao espaço.

No que se refere ao tempo, ou, se preferirem, à nossa compreensão das histórias que convergiram nesses espaços, duas outras perguntas nos interpelam. A primeira tem a ver com o devir do sistema: por que em lugar nenhum ele se perpetuou em construções sociais organicamente derivadas dele, com ressonâncias coerentes ou contraditórias, inscritas em uma duração social? Em toda parte, o sistema das plantações colapsou de modo brutal ou gradual, sem gerar suas próprias superações. A segunda pergunta é ainda mais surpreendente: como um sistema tão frágil socialmente deu origem, paradoxalmente, ao que acreditamos ser ve-

---

* Optamos por "plantação" para traduzir *plantation* a fim de conferir maior fluidez poética ao texto de Glissant. Embora *plantation* tenha seu uso consagrado na historiografia – designando o sistema agrícola de monocultura voltado para a exportação, baseado no latifúndio e na mão de obra escrava –, o termo foi recentemente traduzido por "plantação" na obra de Grada Kilomba, *Memórias da plantação* (Cobogó, 2019), sugerindo outras perspectivas para o mesmo fenômeno. (N.R.T.)

tores modernos de civilização, no sentido nada intolerante que essa palavra agora assume para nós?

Vamos resumir, em várias fórmulas que se articulariam, o que sabemos sobre a plantação. É uma organização socialmente piramidal, confinada em um lugar fechado, funcionando aparentemente em autarquia, mas na verdade dependente, e cujo modo técnico de produção é não evolutivo, pois está fundado em uma estrutura escravagista.

Uma organização piramidal: a massa dos escravos, seguida dos trabalhadores, é em toda parte de origem africana, ou hindu, que chegam ao Caribe a partir de 1848; os quadros médios, administradores, gerentes e intendentes, são funcionários de origem europeia, em parte sucedidos desde o início desse século, e sempre no Caribe, compostos por uma minoria de pessoas de cor; no topo da pirâmide, os fazendeiros, colonos ou *bekés** – é assim que são chamados nas Antilhas – esforçam-se em formar uma pseudoaristocracia branca. Digo pseudo, porque essas tentativas de enraizamento em uma tradição não foram sancionadas em quase nenhum lugar pela caução do tempo, nem pela legitimidade de uma filiação absoluta. A plantação, que guarda morais e costumes, dos quais decorrem culturas, não estabelece, porém, uma tradição marcante.

Um lugar fechado: cada plantação é designada por limites dos quais é estritamente proibido sair, salvo se se tem permissão por escrito ou se exceções rituais o autorizam, a exemplo da temporada do Carnaval. Capela ou igreja, oficina de distribuição de provisões, ou, mais tarde, lojas de alimentação, hospício ou hospital: tudo é tratado num círculo

* Nas Antilhas francesas, um *béké* é um descendente dos primeiros colonos europeus. (N.E.)

fechado. O que devemos entender aqui é o seguinte: como essas séries de autarquia, de uma ponta à outra dos espaços em questão, da Louisiana até a Martinica, ou até a ilha da Reunião, puderam ser tão semelhantes? Se considerarmos cada plantação como uma unidade fechada, qual princípio as leva a funcionar de modo similar?

A realidade da escravidão, finalmente. Obviamente, ela define a estagnação das técnicas de produção. O resultado será uma tendência intransponível à irresponsabilidade técnica, sobretudo entre os proprietários de escravos. E quando intervierem as inovações técnicas, a mecanização e a industrialização, como por exemplo no Sul dos Estados Unidos, vai ser tarde demais. A dinâmica social terá tomado outros caminhos, diferentes das trilhas da cana, das ruas das senzalas* e das alamedas de magnólias. Quanto aos escravos ou a seus descendentes próximos, que não estavam nem um pouco interessados na relação da plantação, eles escaparão dessa irresponsabilidade técnica pela necessidade de ter que assegurar, à margem do sistema, suas sobrevivências diárias. A generalização de pequenos ofícios, daquilo que, nas Antilhas, se chama de *"djobs"*, e o hábito de uma economia de subsistência fracionada derivarão disso. Irresponsabilidade técnica, de uma parte, e fracionamento, de outra: o imobilismo e a fragmentação estão no coração do sistema, roendo-o.

No entanto, consultemos essas ruínas cujo testemunho é incerto, cujos monumentos foram tão frágeis, cujos arquivos costumam ser tão incompletos, obliterados ou ambíguos; descobriremos aí o que já dei a adivinhar: que a plantação é um dos pontos focais onde se elaboraram alguns dos modos

---

* No original, "rues case-nègres". (N.T.)

atuais da Relação. Nesse universo de dominação e opressão, de desumanização surda ou declarada, humanidades obstinaram-se poderosamente. Nesse lugar obsoleto, à margem de qualquer dinâmica, as tendências de nossa modernidade esboçam-se. É em identificar esse tipo de contradição que precisamos primeiro nos concentrar.

Uma dessas contradições opõe a nítida composição de um universo como esse – onde a hierarquia social corresponde, com uma minúcia maníaca, a uma hierarquia racial impiedosamente mantida – às complexidades ambíguas que, aliás, surgem dela.

O isolamento parece ser a regra na plantação. Não apenas um isolamento social, mas também um corte irreparável entre formas da sensibilidade, ainda que alteradas uma pela outra. Saint-John Perse e Faulkner, dois autores que nasceram no espaço da plantação, e cujo trabalho não por acaso eu sempre questiono, nos dão a oportunidade de examinar essa distância. Nós nos lembramos da famosa descrição, se isso for descrição, em *Éloges*:

> *mas por muito tempo eu me lembrarei*
> *dos rostos sem som, cor de papaia e tédio, que paravam*
> *atrás de nossas cadeiras como astros mortos...*

Essa papaia e esse tédio – coisificação – indicam menos a distância do poeta do que revelam a separação radical (esse *apartheid* impossível) que preside a vida sensível da plantação. Também observei que Faulkner, que tanto falou dos negros, nunca se propõe, quando se trata deles, um desses monólogos interiores que tanto domina, embora se arrisque a isso com alguns personagens mulatos de sua obra e mesmo, realização que virou um clássico, com o idiota Benjy no início do romance *O som e a fúria*. Ainda assim, o personagem negro Lucas, embora seja o principal herói de *O intruso*, nunca foi interiorizado por Faulkner, ele é descrito inteiramente em posturas e gestos, uma silhueta que se desenha no horizonte. *O intruso* não é o romance de uma essência, mas o ensaio de uma abordagem fenomenológica. Aliás, no mesmo romance, Faulkner escreve a respeito do negro do Sul dos Estados Unidos: "Eu não conheço nada dele, e, até onde eu saiba, nenhum branco o conhece..." Como se o romancista, rejeitado por sua classe e desconhecido pelos negros americanos que puderam ter acesso a sua obra, tivesse pressentido aí uma impossibilidade tramada pela história. O corte exerce-se aqui.

Mas o corte não havia desenhado territórios delimitados, onde as diversas camadas da população se tivessem confinado. A pretensão de estrangeirismo recíproco não impediu as contaminações, inevitáveis no confinamento da plantação. Por mais friamente feroz que se afirme, por exemplo, a fala do Padre Labat, esse cronista das Antilhas do século XVII, pode-se perceber, por trás, uma curiosidade fixa, inquieta e obsessiva, cada vez que se refere a esses escravos que ele tanto se esforça em manter tranquilos. O medo, as fantasias, e talvez um esboço mal consentido de cumplicidade, correm sob as revoltas e repressões. O longo martirológio é também uma lenta mestiçagem, involuntária ou deliberada.

Uma segunda contradição opõe a vontade de autarquia da plantação a sua real dependência em relação ao mundo exterior. As relações que ela entretém com esse mundo efetuam-se pelo modo elementar da troca de bens, na maioria das vezes com alguma perda. Os pagamentos são feitos em espécie, ou no equivalente de valor de troca, o que não leva a nenhuma acumulação, nem de experiência nem de capital.

Em nenhum lugar os fazendeiros chegarão a constituir organismos suficientemente sólidos e autônomos que lhes tivessem aberto o controle de um mercado, de modos de transporte internacionais, de uma moeda independente, de uma representação eficaz e específica nos lugares estrangeiros. As plantações, essas entidades encolhidas sobre si mesmas, apresentam, paradoxalmente, todos os sintomas da extroversão. Elas são, por natureza, dependentes do alhures. Em suas práticas de importação-exportação, a política imposta não é decidida em seu seio. Na verdade, seria possível dizer que a plantação não é socialmente o produto de uma política, mas a emanação de um fantasma.

E se nos aproximamos mais desse local fechado, esse *locus solus*, e tentamos imaginar o que ali se trama, tentamos auscultar de dentro a memória, ou o ventre, então as contradições tornam-se loucura. Não vou me prender aqui a nenhuma descrição. O ano em curso não me bastaria. E estamos bastante familiarizados com os inúmeros romances e filmes evocados por esse universo para já saber que, de norte a sul, de leste a oeste, as mesmas condições de vida nele se repetem. Preferirei abordar outro aspecto, de síntese, neste caso, a expressão oral e escrita – a literatura – que derivou desse universo, direta ou indiretamente.

2

Qualquer que seja a região analisada, entre aquelas que o sistema cobre, é possível identificar o mesmo percurso e quase as mesmas modalidades dessa expressão. Três momentos poderiam ser identificados: em primeiro lugar, a produção literária como ato de sobrevivência, depois, como delusão e, finalmente, como esforço ou paixão da memória.

O ato de sobrevivência. No universo mudo da plantação, a expressão oral, a única possível para os escravos, organiza-se de modo não contínuo. A aparição dos contos, provérbios, ditados, canções, tanto no universo da língua crioula quanto alhures, é marcada por essa descontinuidade. Os textos parecem negligenciar o essencial daquilo que o realismo no Ocidente, desde o início, soube percorrer tão bem: a posição das paisagens, a lição dos cenários, a leitura dos costumes, a descrição motivada dos personagens. Quase nunca vemos aí a relação concreta entre os feitos e os gestos cotidianos, mas sim a evocação simbólica das situações. Como se esses textos tentassem disfarçar sob o símbolo, dizendo sem dizer. É o que já chamei de prática do desvio, e é exatamente esse o esforço do descontínuo; o mesmo que será acionado por esse outro desvio que foi o aquilombamento.

Neste caso, trata-se de uma forma de literatura que, esforçando-se em exprimir o que é proibido designar, encontra, contra essa censura orgânica, meios cada vez mais arriscados. A literatura oral das plantações assemelha-se, desse modo, às outras técnicas de subsistência – de sobrevivência – implementadas pelos escravos e seus descendentes diretos. A obrigação de contornar a lei do silêncio faz com que ela seja, em toda parte, uma literatura que não se continua com naturalidade, se é que podemos dizer isso, mas que jorra em fragmentos arrancados. O contador é um *djobeur** da alma coletiva.

O fenômeno pode estar generalizado no sistema, mas é no espaço da língua crioula que ele passa a ser mais evidente. Isso porque a língua crioula acrescenta a essa obrigação do desvio uma outra, que lhe é interna: essa de se

---

* Glissant explicou anteriormente o uso do termo "*djob*" nas Antilhas como uma "generalização de pequenas profissões", o que se aproximaria em nossa realidade brasileira da experiência do bico, do biscate. O "*djobeur*" seria então um biscateiro. [N.T.]

refazer a cada vez, a partir de uma sucessão de esquecimentos. Esquecimento, ou seja, integração, daquilo sobre o que ela funda: a multiplicidade das línguas africanas, de um lado, e europeia, de outro, enfim, a nostalgia do resquício caribenho.* O movimento linguístico da crioulização avançou por decantações sucessivas, muito rápidas, em hiato, a partir dessas contribuições; a síntese que resultou disso nunca se fixou nos termos, entretanto afirmou desde o início sua perenidade nas estruturas. Em outras palavras, o texto crioulo nunca resultou linguisticamente em um regulamento ou em uma transmissão, a partir da qual se pudesse investigar um percurso literário, um outro texto aperfeiçoando o precedente, e assim por diante. Não sei se essa difração (pela qual, talvez, o multilinguismo opere real e subterraneamente em uma das primeiras vezes conhecidas nas histórias das humanidades) é significativa de todas as línguas em formação – para isso seria necessário investigar, por exemplo, a Idade Média europeia – ou se é devida exclusivamente à situação particular da plantação no Caribe e no oceano Índico.

Em seguida, a delusão. No oposto dessa literatura oral e popular, desenvolve-se, também em descontinuidade, uma outra, elitista e escrita. Os colonos e os fazendeiros, bem como os viajantes que os visitavam, são possuídos por uma necessidade lancinante de justificar o sistema. Eis aí o fantasma da legitimidade. E é exatamente por isso que, ao contrário do que se produziu com os textos orais, a descrição do real lhes parecerá indispensável – e irrefutável, em seus termos. Real, é

---

* Foi a dificuldade do "esquecimento" que fragilizou os diversos dialetos do crioulo – com exceção, talvez, do Haiti – em relação a seus componentes, e sobretudo em relação ao francês, ali onde este – em Guadalupe, na Martinica... – exerce autoridade.

preciso lembrar, fantasmático, cuja imagem concerne mais à apologia disfarçada do que a um realismo austero. Uma das condições da operação terá sido levar ao extremo a convenção da paisagem, de sua suavidade, de sua beleza, principalmente nas ilhas do Caribe. Existe um parnasianismo involuntário nos romances e nos libelos dos colonos de Santo Domingo e da Martinica: a mesma propensão em esconder, sob o esplendor harmônico do cenário, o estremecimento da vida, ou seja, nesse caso, as realidades turbulentas da plantação.

Outra convenção permitiu uma categoria particular de obras. A suposta e disponível lascívia dos escravos, dos mulatos e mestiços, e a selvageria animal que se creditava aos africanos, proveram abundantemente a uma literatura erótica, próspera nas ilhas do século XVII até o fim do século XIX. Assim, como resultado de uma série de cegamentos, constituiu-se uma literatura de delusão, à qual, aliás, não faltaram momentos de charme nem de graça antiquada. Um grande repórter, também escritor, Lafcadio Hearn, que veio da Louisiana para as Antilhas, transmitiu-nos dela, na virada desse século, um eco muito embelezado.

A memória. Depois do colapso do sistema, as literaturas que se afirmaram em seu espaço procederam, em grande parte, com traços gerais que aqui indiquei resumidamente, seja para consenti-las, seja para pegá-las no contrapé. Assim, as literaturas do Caribe, sejam elas de língua inglesa, espanhola ou francesa, introduzem voluntariamente espessuras e quebras – e também desvios – na matéria de que tratam; pondo em prática, à maneira do conto das plantações, procedimentos de redobro, de ofegância, de parêntese, de imersão do psicológico no drama do devir comum. A simbologia das situações prevalece sobre o refinamento dos realismos, ou seja, ela o engloba, o supera e o ilumina. Isso também acon-

POÉTICA DA RELAÇÃO > *99*

tece, naturalmente, com um escritor de língua crioula, como o haitiano Frankétienne, e também com uma romancista como Toni Morrison, nos Estados Unidos.

Assim, ainda, contra a convenção de uma paisagem-cenário de falsa legitimação, as obras que surgiram nesses países a princípio conceberam a paisagem como implicada em uma história, tornando-se ela também uma personagem falante.

Assim, enfim, o aquilombamento histórico acabou estabelecendo aí, reforçado em seguida com o tempo, um aquilombamento criador, cujas múltiplas expressões começaram a fundar uma continuidade. O que faz com que essas literaturas não possam mais ser vistas como apêndices exóticos dos corpos literários franceses, ingleses ou espanhóis; que adentrem subitamente na relação das culturas, com a força de uma tradição que elas mesmas forjaram.

No entanto, sua verdadeira preocupação, motor e obscuro desígnio, é o enfurecimento da memória, a qual decide, com o imaginário, nossa única maneira de domesticar o tempo.

E de que maneira nossa memória e nosso tempo foram perturbados pela plantação? No afastamento que ela constituía, o emaranhado sempre multilíngue e frequentemente multirracial amarrou de modo inextrincável o tecido das filiações, rompendo, assim, a ordenação clara, linear, à qual os pensamentos do Ocidente haviam dado tanto brilho. Assim, Alejo Carpentier encontra então Faulkner, Edward Kamau Brathwaite junta-se a Lezama Lima, eu me reconheço em Derek Walcott, nós nos regozijamos com os enredos do tempo no século de solidão de García Márquez. A plantação destruída alcançou o redor das culturas das Américas.

E qualquer que seja o mérito explicativo ou publicitário com que Alex Haley trata o assunto em seu livro *Roots*, percebemos que a filiação demasiado confiante aí evocada não corresponde ao gênio falante de nossos países. A memória nas obras não é a do calendário; nossa vivência do tempo não se inscreve apenas nas cadências do mês e do ano, mas também se exaspera com esse vazio com que a plantação parecia marcar a sentença definitiva, nossas gerações enredam-se na família estendida em que nossos troncos se multiplicaram e em que cada um pôde receber de todos seu nome de vizinhança, duplo essencial de qualquer nome oficial. E quando tudo enfim se movimentar, ou melhor, desabar, quando o movimento irrefreável tiver despovoado o lugar fechado para amontoar às margens das cidades sua população, o que restará, o que resta, é o obscuro dessa memória impossível, que fala mais alto e mais longe do que as crônicas e os recenseamentos.

Seguimos os passos da erosão do sistema. As castas dos fazendeiros ruíram por toda parte em uma representação fixa, em que a memória, como antigamente a paisagem, funciona apenas como um cenário. Por vezes elas puderam se reconverter no comércio; ou então se entregaram à melancolia. Os engajados de antes formaram, aqui e ali, grupos de branquinhos, como eram chamados, que alimentaram as ideologias do terror racista. No Caribe e na América Latina, a germinação das favelas agrupou as massas dos desvalidos e mudou o ritmo de suas vozes. Revoltas camponesas, negras ou hindus, combateram em ilhas o arbitrário e a pobreza absoluta. Os negros do Sul dos Estados Unidos subiram para o Norte, ao longo da "*underground railroad*", rumo às cidades violentamente em vias de desumanização, onde, todavia, os escritores do Harlem, por exemplo, compuseram seu renascimento nas paredes da solidão. Assim, uma literatura urbana surgiu na Bahia, em Nova York, em Jacmel ou em Fort-de-France. A área da plantação, que integrou as infinitas áreas da fazenda ou do latifúndio, espalhou-se para acabar nesses labirintos de chapas e concretos onde nosso devir comum se arrisca. Mas é exatamente a essa segunda matriz da plantação, depois da do navio negreiro, que devemos trazer de volta o rastro de nossas fontes, difíceis e opacas.

3 |

Não é apenas a literatura. Quando examinamos os procedimentos da palavra nesse universo das plantações, observamos que ela se enuncia em várias espécies, que estão como que codificadas. Palavra direta, elementar, que articula os rudimentos necessários de linguagem para a execução do trabalho; palavra reengolida, que responde ao mutismo desse mundo onde é proibido saber ler e escrever; palavra diferenciada ou disfarçada, sob a qual o homem e a mulher amordaçados cerram o que dizem. A língua crioula integrou esses três modos e os jazzeou.

Compreende-se que este seja um universo onde cada grito provoca um acontecimento. A noite dos barracos pariu esse outro enorme silêncio do qual a música, incontornável, a princípio cochichada, finalmente rebenta nesse longo grito. Essa música é espiritualidade contida em que o corpo subitamente se expressa. De uma ponta a outra deste mundo, o cântico, sincopado, macerado pelos interditos, liberado por todo o impulso dos corpos, produz sua linguagem. Essas músicas nascidas do silêncio, *negro spirituals* e *blues*, continuadas nas vilas e cidades crescentes, jazz, *biguines* e calipsos, estouradas nos *barrios* e favelas, salsas e *reggaes*, reagrupam em uma palavra diversificada aquilo que era cruamente direto, dolorosamente reengolido, pacientemente diferido. Elas são o grito da plantação transfigurado em palavra do mundo.

Isso porque o constrangimento triplamente secular pesou tanto que, quando essa palavra germinou, ela impeliu para o pleno campo da modernidade, ou seja, ela se elevou para todos. Só existe universalidade da seguinte forma: quando, da clausura particular, a voz profunda grita.

4

Vê-se o que explica negativamente a unicidade do sistema: o impacto decisivo do povoamento africano, só que a partir do horror do tráfico; o imobilismo rapinante do princípio escravagista; a dependência que cada uma das plantações partilha com suas semelhantes a respeito do mundo externo.

Mas também se compreende como esse gigantesco aborto, feito de tantas esterilidades solitárias, marcou positivamente uma parte das histórias contemporâneas. – Mas como? Você me perguntaria. Como você pode pretender que uma anomalia como essa possa ter contribuído para aquilo que você chama de modernidade? – Penso ter respondido à questão, ou ao menos ter deixado por adivinhar as respostas devidas.

É na plantação que, como num laboratório, vemos atuando com mais clareza as forças conflitantes do oral e do escrito, uma das problemáticas mais enraizadas na nossa paisagem contemporânea. É aí que o multilinguismo, essa dimensão ameaçada do nosso universo, por uma das primeiras vezes constatáveis, se faz e se desfaz de modo completamente orgânico. É ainda na plantação que o encontro das culturas se manifestou de modo mais agudo, ainda que nenhum dos que lá viviam suspeitasse minimamente que de fato se tratasse de um choque de culturas. Na mestiçagem cultural, que nos toca a todos, podemos surpreender algumas das leis de formação. É nos prolongamentos da plantação, naquilo que ela deu à luz no exato momento em que desaparecia como entidade funcional, que se impôs a

POÉTICA DA RELAÇÃO > *103*

nós a busca da historicidade, essa conjunção da paixão em se definir e da obsessão do tempo, que é também uma das ambições das literaturas contemporâneas. É nesses mesmos prolongamentos que se forjou mais ardentemente *a palavra barroca, inspirada por todas as palavras possíveis,* e que nos clama com tanta intensidade. A plantação é um dos ventres do mundo, não o único, um entre tantos outros, mas que apresenta a vantagem de que pode ser escrutado com o máximo de precisão possível. Assim, o limite, que era sua fraqueza estrutural, torna-se para nós uma vantagem. E, no fim, seu confinamento foi vencido. O lugar estava fechado, mas a palavra que dele derivou permanece aberta. É uma parte, mensurada, da lição do mundo.

DE UM BARROCO GLOBALIZADO

O barroco surge no Ocidente na época em que prevalece a seguinte ideia da natureza: a de que ela é harmônica, homogênea e conhecível em profundidade. O racionalismo refina essa concepção que convém a sua ambição cada vez maior de dominar o real. O espetáculo da natureza é ao mesmo tempo considerado suscetível de ser reproduzido: conhecimento e imitação se constituem como garantes mútuos.

O ideal da imitação pressupunha que existe, sob a aparência das coisas, mas contida nela, a mesma "profundidade" à qual levarão primeiro as ciências, uma verdade indubitável, da qual as representações artísticas então se aproximariam, à medida que aquelas sistematizariam as reproduções do real destas e legitimariam sua estética. Assim ocorreu a revolução da perspectiva, na pintura do início do Quattrocento, como uma das propensões a essa profundidade.

É contra tal tendência que se esboça o "desvio" barroco. A arte barroca foi uma reação contra a pretensão racionalista de penetrar, a partir de um movimento uniforme e decisivo, os arcanos do conhecido. O *frisson* barroco pretende indicar assim que todo o conhecimento está por vir, e que é isso que lhe dá valor. De tal modo que as técnicas do barroco irão favorecer a "extensão" em detrimento da "profundidade".

Esse desvio, historicamente determinado, engendra um novo heroísmo na abordagem do conhecimento, uma renúncia teimosa à ambição de resumir a matéria do mundo em uma série de harmonias imitativas que aproximariam uma essência. A arte barroca recorre ao contornamento, à proliferação, à redundância de espaço, àquilo que ridiculariza a pretensa unicidade de um conhecido e de um conhecedor, ao que exalta a quantidade infinitamente retomada, a totalidade para sempre recomeçada.

O barroco "histórico" foi, assim, uma reação contra uma ordem dita natural, naturalmente dada como evidência. Quando as concepções da natureza tiverem evoluído, ao mesmo tempo que o mundo se abrir para o homem do Ocidente, a pulsão barroca também se generalizará. O barroco, arte da extensão, vai estender-se concretamente.

O primeiro estado será a arte religiosa latino-americana, muito próxima do barroco ibérico ou flamengo, mas tão estreitamente impregnada de sotaques autóctones, introduzidos ousadamente no concerto barroco. Esses elementos não intervêm nele como inovações na representação do real, mas como informações inéditas a propósito de uma natureza seguramente "nova". A arte barroca deixa de ser por oposição, ela consagra uma visão inovadora (em breve, uma outra concepção) da natureza, ajustando-se a seu acorde.

O tempo marcado dessa evolução é a mestiçagem, em cuja vertigem a vontade barroca mergulhará: estilos, linguagens, culturas. Pela generalidade dessa mestiçagem, o barroco termina de se "naturalizar". O que ele diz no mundo, a partir de então, é o contato proliferador das "naturezas" diversificadas. Ele "compreende", ou melhor, ele oferece com esse movimento do mundo. Ele não é mais reação, e sim a resultante de todas as estéticas, de todas as filosofias. Então, ele não afirma apenas uma arte ou um estilo; mais além, ele provoca um estar-no-mundo.

As atuais concepções das ciências encontram e confirmam essa extensão do barroco. É certo que a ciência postula que o real não pode ser definido a partir de sua aparência, que é preciso penetrá-la em suas "profundezas", mas ela também concorda que o conhecimento é sempre diferido delas, que não se pode mais pretender surpreender-lhe o essencial de uma só vez. A ciência entrou em uma era de incertezas racionais e fundadoras. Isso quer dizer que as concepções da natureza "se estendem", se relativizam. Esse é o próprio fundamento da propensão barroca.

Não se concebe mais a natureza humana a partir de um modelo transparente, universalmente fundado ou encarnável. O estar-no-mundo não significa nada sem a totalidade quantificada de todos os tipos de estar-em-sociedade. Não há tampouco um modelo cultural, inevitável. Todas as culturas humanas conheceram um classicismo, uma era de certezas dogmáticas, que elas, doravante, terão de superar todas juntas. E todas as culturas, em algum momento de seu desenvolvimento, arranjaram, contra essa certeza, desregulamentações barrocas pelas quais, a cada vez, essa superação foi profetizada ao mesmo tempo em que tornada possível. Nesse sentido-pleno, as "profundezas", iluminadas pela ciência, pela psicologia, pela sociologia ocidentais, contrariam a "profundidade", pressentida pelo único classicismo do mesmo Ocidente. É esse o movimento da mundialização do barroco.

Em resumo: há uma "naturalização" do barroco, não mais apenas como arte e estilo, mas como maneira de viver a unidade-diversidade do mundo; essa naturalização prolonga e refaz o barroco, fora dos domínios flamejantes e exclusivos da Contrarreforma, para estendê-lo em modo tumultuante da Relação; e, ainda, nesse sentido-pleno, o barroco "histó-rico" prefigurou, de modo espantosamente profético, as atuais convulsões do mundo.

SOBRE A INFORMAÇÃO DO POEMA

Espíritos críticos, mais normativistas do que analistas, declaram ou profetizam a obsolescência da poesia.[1] Esta não responderia mais às condições da vida contemporânea. Haveria nela algo de antiquado em relação às violências e às precipitações da modernidade. Esse se mostrou um debate tradicional, desde que a razão, no sentido ocidental, pareceu dissociar a criação poética, julgada inútil dentro da cidade, e o conhecimento científico, severamente inscrito no drama de sua própria evolução. A questão é sempre a mesma, dentro do mesmo contexto: para que serve a poesia? As obras modernas já tinham respondido, desde Rimbaud até Claudel ou Aimé Césaire: a poesia não é uma diversão nem uma exibição de sentimentos ou de belezas. Ela também informa um conhecimento que não poderia ser atingido pela obsolescência.

Fascinados pela aventura da informática, os poetas hoje sentem que existe, aí, não o início de uma resposta possível a essa apóstrofe que a sociedade lhes dirige, mas pelo menos a ocasião de reatar o fio entre essas duas ordens do conhecimento, a poética e a científica. Tornada visível e acessível pela graça do computador, a intenção científica, que defende a forma mais manifesta da responsabilidade social, alerta e questiona concretamente o poeta. De que informação o poema pode se encarregar? Essa informação passa pelos jatos da máquina da informática, de forma mais verdadeiramente séria do que o jogo de boliche evocado por Malherbe?

A primeira observação, tratando da relação da poesia com a informática, leva a uma diferença evidente: a do cará-

POÉTICA DA RELAÇÃO › *109*

ter binário desta última. O binarismo não é uma simples cadência do um-dois, tampouco um modo do poético, que infere a todo momento o inédito ou o desvelado. O acidente, que não acontece por acaso, está na natureza do poema, enquanto ele permanece o vício em perfeição (o "vírus") de todo sistema incluído em si mesmo, como o é a informática.*

A verdade do poeta também é a verdade desejada do outro, lá onde a verdade do sistema informático se encerra em sua lógica suficiente. Da mesma forma, toda conclusão de um sistema como esse está inscrita em seus dados iniciais, quando a abertura do poético é imprevisível e surpreendente.

Em suma, na prática binária, a exclusão é a regra (ou isso, ou aquilo) enquanto o poético visa ao distanciamento – que não é a exclusão, mas a superação realizada de uma diferença.

O advento da informática, portanto, reverteu o vapor poético. Pela banalização da velocidade. Assim como as aproximações românticas ou as audácias surrealistas de imagens passaram a ser visualizadas na atual produção de *spots* publicitários e "videoclipes", também a fulguração, essa poética do instante, foi consagrada, e de alguma forma apagada, no inconcebível instantâneo do computador.

Como se estivessem prevendo tal choque, três obras poéticas foram elaboradas como sistemas: *Um lance de dados jamais abolirá o acaso*, de Mallarmé, *Finnegans Wake*, de Joyce, e *Os Cantos*, de Ezra Pound. Por elas, passaria a ser novamente explorada uma poética da duração, tão reveladora quanto a do instante. Na pesquisa mallarmeana sobre o absoluto, joyciana sobre a totalidade, poundiana sobre a

---

* Qualquer que seja a diversidade das variáveis engendradas nesse tipo de sistema, ela sempre depende de uma informação engrenada no modo sim/não/sim.

multiplicidade, aquilo a que se renuncia é, antes de qualquer coisa, à magnífica pretensão rimbaudiana da fulguração reveladora.

Todo sistema informático, pela instantaneidade que lhe é característica, nos familiariza com a revelação unilíngue, banaliza a fulguração – mas é em relação a uma cintilação multilíngue que o dito sistema não pode "compreender".

Imagine um rapaz indiferente a tudo o que não é sua máquina, com os sentidos absolutamente "perturbados" diante dela, valentão quando está distante, mas santo quando está em seu púlpito, um rapaz que domesticou a mecânica das vogais e das consoantes e penetrou sua cor: este poderia ser um técnico da computação, mas também poderia ser Rimbaud. Este foi até a mais ardente fulguração, única música da velocidade, e abriu espaço para as paciências entrelaçadas de Mallarmé, sintetizadas de Joyce, derivadas de Pound.

O que esses poetas pressentiam: o imenso desconhecido, diante de nós, que requer a significação da totalidade, ou seja, a palavra de todos os povos, o sotaque de todas as línguas. O técnico de informática exclamará que sua máquina, melhor do que todas as outras, permite pensar a totalidade. Trata-se, porém, de uma totalidade descriptografada no jogo dos sinais, uma totalidade-código. Ela esquiva o drama das línguas.

(Já se disse muito que a necessidade informática acompanha, hoje, o anúncio da morte da escrita. Talvez, em breve, sejamos os adeptos ameaçados de uma religião das catacumbas, que nos reunirão em segredo, longe da hostilidade pública, para celebrar as missas amaldiçoadas da escrita, comungar na partilha de textos perdidos ou reprovados. Seria a informática o arauto de tal perdição?)

POÉTICA DA RELAÇÃO > *111*

Mas o drama não se resume apenas à eventual morte da palavra escrita. A crise da escrita como forma de expressão encontra aqui a súbita floração das línguas da oralidade. O que estamos assistindo hoje não seria uma passagem? Ontem fazíamos a distinção entre o oral e o escrito, este último, transcendente. Amanhã não poderemos viver uma síntese que poderíamos resumir da seguinte forma: a resolução escrita, ou a transcrição na página (que é nossa tela) de uma economia da oralidade? Essa passagem está aberta ao arquipélago das línguas.

Os poemas orais se multiplicam, eles suscitam cerimônias, seções, espetáculos. Em toda parte do mundo, os poetas falantes saboreiam essa virada que, nas Antilhas, nas Américas, na África e na Ásia, amalgama os estilhaços metálicos das retóricas orais à alquimia da escrita. O conhecimento poético não é mais inseparável da escrita, a fulguração avizinha os amontoados ritmados, as monotonias da duração. A cintilação multilíngue preenche completamente sua função em um encontro como esse, em que o relâmpago poético se refaz na ofegância do tempo.

O fascínio pelo computador, ou a simples curiosidade de vê-lo restituir a voz poética deve-se muito ao pressentimento desse encontro do oral e do escrito. A velocidade binária inserida e convidada para a intenção duradoura do operador. Um lance de dados a todo instante recomeçado. Uma sistemática a um mesmo tempo entrelaçada, sintetizada, derivada. Mas lhe faltará o ardente contraste das línguas do mundo. Aquilo que tece a carne desejante do poema.

O computador aparece, aliás, como um instrumento privilegiado para quem quer "seguir" todo conjunto cujas variantes se multiplicam em vertigem. Ele serve para sugerir o estável no instável. Se ele não faz poesia, ele pode "indicar" uma poética.

Essa máquina ainda não é, contudo, o lugar, mesmo que demasiado visível, onde ciência e poesia se encontrariam. Esse lugar antecede qualquer técnica de aplicação, ele cria seu espaço na indefinição dos axiomas.

O pensamento poético, antes ou depois do acidente do poema, ou por meio dele, tenta se constituir em sistema axiomático: tenta entrelaçar o desentrelaçável. É aí a ocasião de um encontro de tipo infinito, em que ciência e poesia se equivalem. O axioma, nesse caso, é uma fantasia fundadora, mesmo que se perpetue em conquistas de clareza. O privilégio dessa fantasia vem do fato de que ela não precisa ser elucidada nem assimilada; a psicanálise do conhecimento tem a ver com algo bastante diferente. O axioma poético, bem como o matemático, é esclarecedor, porque é frágil e incontornável, obscuro e revelador. Tanto em um caso quanto em outro, o sistema assim pressentido aceita o acidente, compreende sua futura superação. A ciência transforma suas linguagens, a poesia inventa suas línguas. Tanto em uma quanto em outra, não é o caso de explorar, mas de avançar em direção à totalidade, irrealizável; não é necessário dizer onde ambas se encontrarão – nem se elas precisam desse encontro.

III
CAMINHOS

*Em voz alta, para marcar
o distanciamento*

CRIOULIZAÇÕES:

A crioulização, que é um dos modos do emaranhamento – e não apenas uma resultante linguística – tem como exemplar somente seus processos e certamente não os "conteúdos" a partir dos quais eles funcionariam. É isso o que marca nosso ponto de partida com o conceito de "crioulidade". Se por um lado esse conceito abarca, nem mais nem menos, o que motiva as crioulizações, por outro ele propõe duas extensões. A primeira abriria um campo etnocultural expandido, desde as Antilhas até o oceano Índico. Mas esses tipos de variações não parecem determinantes, tamanha a velocidade de suas mudanças na Relação. A segunda seria uma procura do ser. Porém, nesse caso, trata-se de um recuo em relação à funcionalidade das crioulizações. Nós não propomos o ser nem modelos de humanidade. O que nos motiva não é apenas a definição de nossas identidades, mas também sua relação com todo o possível: as mútuas mutações geradas por esse jogo de relações. As crioulizações introduzem a Relação, mas não para universalizar; a "crioulidade", em seu princípio, regressaria às negritudes, às francesias, às latinidades, todas elas generalizantes – de forma mais ou menos inocente.

DITAR, DECRETAR

O desregramento barroco, a garantia do rigor científico: eis, talvez, ontem, ainda, as duas balanças do nosso movimento (do nosso balanço) em direção à totalidade-mundo.

Mas o barroco não é mais desregramento, já que se estabelece como expressão "natural" de tudo o que se divide e se reúne. A era dos classicismos (dos aprofundamentos de uma unidade interna, levada à dimensão de um universal também ele postulado) com certeza está consumada para todas as culturas. Resta jogar, ou desemaranhar, a trama de suas convergências. Resta considerar as tramas dessas culturas que não tiveram tempo, antes de serem postas em contato (ou em conflito) planetário, de realizar "seu" classicismo. Não se teriam elas apresentado ao encontro com meios obliterados? O que dizer ainda das culturas compósitas, cuja composição não foi uma conjunção de "normas", mas uma edificação nas margens, com todo tipo de materiais que, por natureza, escaparam à paciência da regra, e foram precipitadas no mundo por necessidade, opressão, angústia, cobiça ou apetite de aventura?

O barroco é a palavra privilegiada dessas culturas, mesmo se, a partir de então, ele é de todos. Nós dizemos: o barroco, porque sabemos que as confluências são sempre de marginalidade, que os classicismos são de intolerância e que sua violência rejeitante e oculta é substituída para nós pela violência manifesta e integrante das contaminações.

Observemos que existe mestiçagem ali onde outrora se opunham as categorias, que distinguiam sua essência. Quanto mais a mestiçagem acontece, mais sua noção se apaga. O barroco "naturalizado" no mundo tende a tornar-se

POÉTICA DA RELAÇÃO > *119*

lugar comum, generalidade (que não é generalização) de um regime novo. Tendo mais proliferado do que aprofundado uma norma, ele não pode consentir com "classicismos". Nenhuma cultura é obliterada por direito, nenhuma cultura impõe sua tradição, mesmo se algumas exportam por toda parte seus produtos generalizantes.

Como exercer a perenidade (que é "desejável") nesse débito permanente? Como e pelo quê substituir a obra estabilizante dos antigos classicismos?

No início, pareceu que a positividade do científico poderia por si só nos ajudar nesse assunto. Por exemplo, a defesa e a promoção das línguas tomaram emprestada essa maneira, que respondia à ambição da linguística em se erigir como ciência. Pretensão proveitosa: ainda assim, ela fracassaria em se confirmar, ela funda sistema, ela reúne o que há de disperso da sua matéria. Mas a ciência tinha desistido de querer exigir esses tipos de garantias. Nesse meio-tempo, ela se aventurou não para fora do positivo, mas para além do positivismo. Ela confrontou a naturalidade do barroco e concebeu que a obra deste merecia consciência.

Foi assim que ela nos propôs, em seus últimos passos, a arriscar nossa busca para além das legislações emanadas de suas filosofias. Já faz um tempo que entendemos a ordem e a desordem do mundo, que projetamos em medida e desmedida. Mas toda poética nos fazia acrescentar a seguinte questão, que não é nada falsa: que existe também uma desmesura da ordem, uma medida da desordem. As únicas estabilidades manifestas na Relação dizem respeito à solidariedade dos ciclos que aí estão em jogo, à correspondência dos desenhos de seu movimento. O pensamento analítico é convidado a construir conjuntos, cujas variações solidárias reconstituem a totalidade do jogo. Esses conjuntos não são modelos, mas reveladores ecos-mundo. O pensamento compõe música.

A obra de William Faulkner, o canto de Bob Marley, as teorias de Benoît Mandelbrot são ecos-mundo. A pintura de Wilfredo Lam (em confluências) ou de Roberto Matta (em rasgos), e a arquitetura de Chicago e também a confusão das favelas do Rio ou de Caracas, *Os cantos* de Ezra Pound, mas também a marcha dos estudantes de Soweto são ecos-mundo.

Finnegans Wake foi um eco-mundo profético e, consequentemente, absoluto (sem entrada no real).

A palavra de Antonin Artaud é um eco-mundo fora do mundo.

Aquilo que, vindo de uma tradição, entra em Relação; aquilo que, em defesa de uma tradição, autoriza a Relação; aquilo que, tendo abandonado ou refutado toda tradição, funda um outro sentido-pleno da Relação; aquilo que, nascido da Relação, a contradiz e a comporta.

O sabir* anglo-americano (que não é falado nem pelos ingleses nem pelos estadunidenses) é um eco-mundo negativo, cuja potência concreta trama as dobras da Relação e neutraliza sua substância.

A língua crioula é um eco-mundo frágil e revelador, nascido de um real de relação e limitado, nesse real, pela dependência.

As línguas faladas, sem exceção, tornaram-se ecos-mundo, dos quais apenas agora começamos a sentir falta, cada vez que uma delas é apagada dessa circularidade em movimento.

Os ecos-mundo não são exacerbações diretamente provenientes dos estados convulsivos da Relação. Eles traba-

---

* Sabir é qualquer língua de formação rudimentar, no vocabulário e na estrutura, constituída por elementos díspares, de origens diversas. O *pidgin* é um exemplo, ao qual Glissant se refere nesse caso. (N.T.)

lham na matéria do mundo, profetizando-a ou iluminando-a, desviando-a ou, no sentido inverso, fortalecendo-se nela.

Cada indivíduo e cada comunidade formam para si os ecos-mundo que eles imaginaram, de potência ou de jactância, de sofrimento ou de impaciência, para viver ou expressar as confluências. Cada indivíduo toca essa música, e cada comunidade também. E também a totalidade realizada dos indivíduos e das comunidades.

Os ecos-mundo permitem-nos assim pressentir e ilustrar os encontros turbulentos das culturas dos povos cuja globalidade organiza nosso caos-mundo. Eles esboçam ao mesmo tempo os elementos constitutivos (não decisivos) e as expressões.

O que tínhamos notado, na obra de Saint-John Perse, como uma estética do universo (a "narração do universo"), qualificamos agora de outra maneira. Trata-se de uma estética do caos-mundo.

O caos-mundo só é desordem diante da suposição de uma ordem que a poética não pretende revelar a qualquer custo (a poética não é uma ciência), mas em relação à qual sua ambição é a de preservar-lhe o impulso. A estética do universo supunha normas preestabelecidas, das quais a estética do caos-mundo é a ilustração e a refutação mais ardentes. A norma não é evacuada do caos, mas ela não lhe constitui um fim nem lhe administra um método.

O caos-mundo não é fusão nem confusão: ele não reconhece o amálgama uniformizado – a integração voraz – nem o nada perturbador. O caos não é "caótico".

Sua ordem oculta, porém, não supõe hierarquias ou excelências – nem línguas eleitas nem povos-príncipes. O caos-mundo não é um mecanismo, com chaves.

A estética do caos-mundo (que é então o que chamávamos de estética do universo, mas livre de valores *a priori*) globaliza em nós e para nós os elementos e as formas de expressão dessa totalidade, ela é sua ação e sua fluidez, seu reflexo e seu agente em movimento.

O barroco é a resultante, não erigida, desse movimento.

A Relação é o que ao mesmo tempo o realiza e o exprime. Ela é o caos-mundo que (se) relata.

A poética da Relação (que é, então, uma parte da estética do caos-mundo) pressente, supõe, inaugura, reúne, espalha, continua e transforma o pensamento desses elementos, dessas formas, desse movimento.

Desestruture esses dados, anule-os, substitua-os, reinvente sua música: o imaginário da totalidade é inesgotável e sempre, e em todas as formas, completamente legítimo, ou seja, livre de qualquer legitimidade.

Por meio dos ecos-mundo, reacendem-se um equilíbrio e uma perdurabilidade. Juntos, os indivíduos e as comunidades superam a jactância ou o sofrimento, a potência ou a impaciência – por mais imperceptivelmente que isso se dê. Toda a questão é de otimização de um processo como esse. Suas resultantes são imprevisíveis, mas a perdurabilidade delineia-se: é isso o que toma o lugar dos antigos classicismos. Ela não se conclui mais por aprofundamento de uma tradição, mas pela disposição de todas as tradições a entrar em relação. Barrocos sucedem classicismos. As técnicas de relação substituem gradativamente as técnicas do absoluto, que quase sempre eram técnicas de autoabsolvição. As artes da extensão relatam (dilatam) as artes da profundidade.

É sob essas categorias que se deve abordar o devir da língua crioula: na perspectiva de uma propagação dos dialetos que a compõem, um ao outro em extensão; mas também, na consciência de que essa língua pode, aqui ou acolá, desaparecer, ou, dependendo da intenção, des-aparecer.*

Não há dúvidas de que a extinção de qualquer língua significa um empobrecimento para todos. E é pior ainda quando se trata de uma língua compósita como a crioula, pois isso seria caso de um fracasso direto dos processos de relação. Mas, antes que as comunidades humanas tenham aprendido a preservar, juntas, suas diversidades, quantas línguas, dialetos, falares, terão desaparecido, destroçados pelo implacável consenso das benesses e das regências do poder? A ameaça desse desaparecimento é um dos dados a serem integrados, como já observamos, no campo das qualificações da língua.

Todos esses desaparecimentos, porém, não são equivalentes. O fato de os francófonos de Ontário estarem parando gradativamente de falar a língua francesa não fará com que ela desapareça do panorama mundial. O mesmo não acontece com a língua crioula, cujas áreas de sobrevivência estariam, com uma única elisão regional, já muito rarefeitas. Mas a constatação dessas diferenças não ameniza em nada não apenas o drama humano detonado a cada vez que isso acontece, mas a parte de empobrecimento que então atinge o caos-mundo.

Não iremos salvar, aqui e ali, esta ou aquela língua, deixando que as outras pereçam. O fluxo de extinção, com uma força de contágio implacável, vai acabar vencendo em todo lugar. O resíduo disso não será uma ou várias línguas vitoriosas, mas um ou vários códigos destruídos, que levarão um

---

* No original: "disparaître, ou si l'on veut, désapparaître". Glissant cria o neologismo *désapparaître* para reforçar o sentido do devir da língua crioula cuja tendência a desaparecer pode ser também um aparecer no desaparecimento. [N.T].

bom tempo para restituir a vivacidade orgânica e imprevisível de uma língua. A multiplicidade linguística protege os falares, desde o mais extensivo ao mais frágil. É em nome e em função dessa multiplicidade total, e não por meio de pseudossolidariedades pontuais, que se deve defender cada uma das línguas.

Um idioma como o crioulo, que se constituiu tão rapidamente, em um campo tão movediço de relações, não pode ser analisado como fizeram, por exemplo, com as línguas indo-europeias, tão lentamente agregadas em torno de suas raízes. É de se questionar por que essa língua crioula foi a única a aparecer, e sob as mesmas formas, na bacia do Caribe e no oceano Índico, e apenas nos países ocupados por colonos franceses – enquanto as outras línguas dessa colonização, o inglês e o espanhol, permaneceram intratáveis em sua relação ao colonizado, concedendo apenas *pidgins* ou dialetos derivados.*

Uma das respostas possíveis, ou pelo menos aquela em que me aventuro, é que a língua francesa, considerada tão marcada pela universalidade, não o era assim durante a conquista das Américas, o que talvez a tenha impedido de realizar, naquele momento, sua unidade normativa. As falas dos bretões e dos normandos, que foram praticadas em Santo Domingo e nas outras ilhas, deslocavam uma força centrípeta menos coercitiva e podiam inserir-se na formação de uma nova língua. O inglês, o espanhol, talvez fossem mais "clássicas", talvez se prestassem menos a esse primeiro

---

* Outra língua da região que seria exceção dessa regra estatística é o papiamento, de base lexical hispânica, nos países (Curaçao) que deixaram de tê-la. Parece que, cada vez mais, descobre-se, nesse mesmo contexto das Américas, microzonas linguísticas, onde os crioulos, os *pidgins*, os patoás são indistinguíveis.

amálgama do qual surgisse uma língua. A língua francesa, "unificada", certamente também foi imposta nesses territórios sem língua. O compromisso crioulo (metafórico e sintetizante), favorecido pela estrutura das plantações, surgiu simultaneamente do desenraizamento das línguas africanas e do desvio dos falares provincianos franceses. Em seu princípio, tal compromisso já é uma marginalidade. Ele certamente nomeou outra realidade, outra mentalidade; mas é a sua própria poética – ou, em outras palavras, sua feitura – que era desviante, em relação a qualquer classicismo suposto.

A linguística tradicional, aplicada em tal caso, procura, em primeiro lugar, em sentido contrário ao que a história da língua aponta, "classificá-la", ou seja – como bem sabemos –, dotá-la de um corpo de regras e de normas específicas, que lhe garantiriam a perdurabilidade. Mas se as práticas de fixação e de transcrição são indispensáveis nesse caso, resta imaginar (considerando essa marginalidade constitutiva da língua) sistemas de variáveis, das quais eu já tratei, que seriam distintas da simples repartição de variantes entre os dialetos – haitiano, guadalupano, guianês etc. – dessa língua crioula. Tratar-se-ia bem de um leque de escolhas no interior de cada dialeto. Onde a etimologia ou a fonética hesitariam (e a etimologia seria certamente a que teria menos utilidade nesse quesito), seria preciso deixar agir a poética, ou seja, deixar agir a instituição da história da língua e também sua caminhada nas margens. Isso equivale a dizer que a chamada cientificidade, aqui, pode recair na delusão intelectual, escondendo uma artimanha do "ficar parado". A norma de uma composição como essa da língua seria fluente. Não se saberia, de forma válida, decretá-la.

O elemento decisivo, tratando-se de fixação, é o manual ou modo de uso, contra o qual os inventores de palavras tanto labutaram. E o modo de uso, por sua vez, depende em grande parte da funcionalidade da língua. Mas seria possível supor, no contexto esboçado (o de uma confluência de ecos--mundo e de uma generalidade do barroco), uma velocidade e uma multiplicação do modo de uso, que seriam o verdadeiro fundo da perdurabilidade.

Podemos imaginar diásporas de línguas, que variariam tão rapidamente entre elas e com tantos retornos de normas (desvios e vaivéns), que nisto residiria sua fixidez. Neste caso, a perdurabilidade não seria acessada por aprofundamento, mas por cintilância de variações. O equilíbrio seria fluido. Essa cintilância linguística, tão distanciada da mecânica dos sabires e dos códigos, ainda nos é inconcebível, mas isso acontece porque o preconceito monolíngue ("minha língua é minha raiz") nos deixa até hoje paralisados.

O decreto normativo, instrumento desse preconceito, vale--se então das "garantias" ultrapassadas do positivismo científico e tenta gerenciar o devir das línguas ameaçadas, tal como a língua crioula, ao tentar "fornecer" essa garantia ao princípio da identidade (de permanência) suposto pela língua. Mas não é só porque a língua crioula é constitutiva da minha identidade que me preocupo com seu eventual desaparecimento, mas porque ela fará falta ao estilhaçamento da cintilância, à fluidez do equilíbrio, à perdurabilidade desordenada do caos-mundo. Meu modo de defendê-la deve considerar isso.

O decreto normativo deixou de ser a regra de regência, no que se refere às línguas veiculares. As mais massivas dentre elas, que pareciam estar mais bem incrustadas em um certo tipo de continentalidade, a inglesa e a espanhola, reencontraram-se no território dos Estados Unidos (porto-riquenhos, chicanos, emigrantes da Flórida). Ninguém diz que o encontro não rompeu a massividade, que, junto às variações que diversificam o anglo-americano, não surgiriam as felizes contaminações pelo espanhol e vice-versa. Não resta dúvida de que o processo acontece mais rápido do que a análise que se faz dele.

Os recentes debates sobre a simplificação ou não da ortografia da língua francesa mostram o quanto as contaminações interferiram nela. Essas propostas são contradecretos, tão fúteis quanto é inoperante o purismo ao qual se opõem. Se a língua precisa mudar no mundo, se sua pluralidade deve ser consolidada, quem pode decidir isso são as dicções, e não um decreto autoritário.

Acompanhamos só de muito longe os tateamentos que ocorrem em todos os alhures com os quais sonhamos. A língua chinesa poderá absorver um alfabeto latino? Como evolui a condição real das línguas na União Soviética? O quéchua está saindo do silêncio? E as línguas escandinavas, estão desprendendo-se na Europa? As crioulizações estariam silenciosamente em ação? Onde? O suaíli e o fula dividiriam com outras línguas a dominação escrita na África? Os dialetos desgastar-se-iam nas regiões? Com que velocidade? Os ideogramas, pictogramas e outras formas de escrita poderiam surgir nesse panorama? As traduções já permitem correspondências sensíveis entre os sistemas de línguas?* E

---

* É fundamental observar que em todo lugar se formaram arquipélagos de língua. Seja de acordo com "raízes" ou famílias: línguas indo-europeias, línguas latinas etc. Seja de acordo com a natureza das técnicas de relação: línguas compósitas, línguas crioulas etc. Seja de acordo com essas duas dimensões simultaneamente: línguas veiculares e seus *pidgins*, todas elas línguas em seus dialetos etc. É perigoso, para a diversidade poética do mundo, simplesmente ligar cada um desses arquipélagos a um projeto político com interesses. O principal seria encontrar invariantes simultaneamente nos arquipélagos e na generalidade de suas confluências: existe uma ordem oculta do contato entre as línguas?

quantas minorias estão disputando a diglossia, como os 300 mil negros crioulos francófonos do sudeste da Louisiana? Ou os 30 mil inuítes da ilha de Baffin? – Listas como essas não são declarações ingênuas, elas acostumam o espírito à aprendizagem circular dos problemas e à preparação solidária das soluções. A relação entre os campos de conhecimento (perguntas e soluções) não é nem uma disciplina nem uma ciência, mas se origina em um imaginário do real, que nos permite escapar do pontilhismo probabilístico sem recair na generalização abusiva.

Em todo caso, o decreto (a distribuição dos decretos que enquadram o futuro da língua) não deixa você livre das ansiedades coletivas. A desestabilização das línguas é realçada de forma espetacular nesses jogos televisivos que são organizados em todos os países equipados para isso. Esses jogos são os mesmos em qualquer lugar. Trata-se de reconstituir palavras cujas letras estão escondidas ou apresentadas desordenadamente. O sentido não tem muita importância e cita-se o caso dos adversários que se apresentaram nesses concursos depois de decorarem seções inteiras do dicionário. Uma língua é, assim, desarticulada, para que nela se considere apenas o esqueleto (se é que se pode dizer que o léxico é um simples esqueleto) ao qual se agarram os concorrentes.

A aparência divertida desses exercícios, que exigem uma verdadeira performance, aproxima-os de outro tipo de concurso, organizado em larga escala na França e que tem como finalidade uma prática muito mais elitista: o ditado. O ditado é uma dicção que se esforça. É claro que a questão é superar as dificuldades da sintaxe e da gramática francesas que, sabemos, não são nada simples.

Assim, uma prática de aprendizado, cujo sucesso se aplicava à repetição diária (e aqui nos lembramos do momento fatídico do ditado, na escola primária), tornou-se um espetáculo. Não bastava aprender, agora é preciso vencer. Provar que existem pessoas, a começar pelos vencedores dessas justas, que ainda se interessam pelas sutilezas da língua, mesmo as mais capciosas, e por dominá-las sempre que puderem.

Parece-me que este é um exercício nostálgico, não desprovido de uma forte coloração de angústia coletiva.

Ditar, decretar: as duas atividades (em sua secreta conivência: o decreto nos aplica leis, o ditado é um decreto que se impõe) tentam formar uma barreira: contra as fragilidades das línguas, as contaminações, o desleixo, contra a barbárie.

Mas o que você estaria chamando de barbárie é o movimento inesgotável das cintilâncias de línguas, que carrega escórias e invenções, dominações e acordos, silêncios mortais e explosões irrepreensíveis. Essas línguas associam-se, variam, contrariam-se tão rapidamente que os longos aprendizados do passado de nada valem. O decreto deverá dialetizar, conceber sistemas de variáveis. O ditado, se existir, deverá transformar-se em prática de criação, sem obrigação nem sanção. Por enquanto, os erros de sintaxe são menos definitivos do que os erros de relação (dos quais eles talvez sejam alguns sintomas entre outros) e serão corrigidos mais rápido. Aliás, devemos admitir que adquirimos um prazer muito individual por essas regras, quando elas aperfeiçoam a qualidade daquilo que exprimimos. A "correção" de uma língua só vale por aquilo que essa língua diz no mundo: ela também é variável.

A perdurabilidade (o desejável) das naturalidades barrocas e das formas do caos-mundo não será emitida de antemão, não irá preceder seu trabalho, o movimento de tomada, de presa (empresa e surpresa) do qual surgem ao mesmo tempo sua matéria e seu sentido-pleno. Os ecos-mundo não dão lugar à topologia. Entretanto, por outro lado, o barroco não é tão somente fúria e mistério, e a garantia de um rigor científico nem sempre leva a um dogma positivado. A naturalidade barroca tem, quando muito, uma estrutura ou pelo menos uma ordem, e precisamos inventar um saber que não garantiria sua norma de antemão, mas seguiria, na desmedida em que avançamos,* a quantidade mensurável de suas variações vertiginosas.

---

* No original: "au fur et à démesure". (N.T.)

CONSTRUIR A TORRE

"Viver um confinamento ou abrir-se ao outro": é a alternativa à qual se pretendia reduzir todo povo que reivindicasse o direito de falar a sua língua. Assim eram legitimadas as premissas herdadas de uma dominação secular. Ou você fala uma língua "universal", ou que tende a se "universalizar", e participa da vida do mundo; ou então você se retira para o seu idioma particular, tão pouco hábil em ser partilhado: e então você se desliga do mundo e apodrece sozinho e estéril na sua pretensa identidade.

No entanto, uma nova visão fez-se dia, desde que os povos se libertaram das tutelas de direito (senão de fato): a língua de uma comunidade direciona o vetor principal de sua identidade cultural, que, por sua vez, determina as condições de seu desenvolvimento. Essa maneira de ver foi considerada suspeita e nociva a maior parte das vezes; e, ao mesmo tempo, qualquer processo de desenvolvimento foi reconduzido a um tipo exclusivo de perfeição, tecnológica. Assim: o que você tem a reivindicar, quando uma língua, uma única língua, pode lhe dar a chave do progresso?

As nações não teriam outro futuro linguístico ou cultural senão esse confinamento em um particular limitador ou, ao contrário, a diluição em um universo generalizante. Uma temível construção, de onde o "gênio falante" dos povos do mundo nos convida a sair com estrondo. A palavra dos griôs,[*] dos contadores, naufragada às margens das ci-

---

[*] De acordo com Glissant, no glossário que acompanha seu livro *O discurso antilhano*, o griô é "um contador e cantor africano. O griô tem um estatuto social, é um 'profissional', ao contrário do contador antilhano, que é geralmente um trabalhador agrícola cuja arte de contar é puramente recreativa." Édouard Glissant, *Discours antillais*, Paris: Editions du Seuil, 1981, p. 498. (N.R.T.)

dades grandes, laminada pelos sucedâneos do progresso, ainda resiste. Pouco a pouco, os governantes dos países pobres compreendem que não existe apenas um modelo de desenvolvimento, transcendente e imposto em todos os lugares.

Na explosão dessa admirável diversidade, as relações linguísticas são simultaneamente marcadas pelas criações surgidas da esfregação das línguas, por um vaivém de repentinidades inovadoras (por exemplo, as linguagens iniciáticas da rua nos países do Sul), e por uma profusão de ideias recebidas, de preconceitos passivamente sofridos.

Talvez a mais decisiva dessas presunções tenha a ver com a divisão hierárquica em línguas escritas e línguas orais. Estas últimas eram brutas, inaptas ao conceito e à aquisição do saber, incapazes de garantir a transmissão dos conhecimentos. Aquelas eram civilizadoras, permitiam que o homem ultrapassasse sua naturalidade, inscrevendo-o em uma permanência e em um devir.

É verdade que a alfabetização no mundo é uma das mais urgentes atividades e que ela é realizada, com frequência, por falta de material apropriado, naquilo que chamamos de línguas de comunicação ou línguas veiculares. No entanto, passou-se a considerar que toda alfabetização literal deve se ligar a uma alfabetização cultural que reabra oportunidades às escolhas possíveis, ao mesmo tempo que permita, do interior e, consequentemente, "dentro" da língua em questão, o relançamento de forças criadoras autônomas. Existe, então, um possível ganho linguístico do desenvolvimento, cujas repercussões não são codificadas nem previsíveis.

Situadas entre as línguas pretensamente instituídas na transcendência da escrita e as outras, por muito tempo mal mantidas rente àquilo que se nomeava, com quase nenhu-

POÉTICA DA RELAÇÃO > *133*

ma condescendência, a oralidade, as relações que mencionei, de repentinidade, de adaptação selvagem, ou de sistemática aprendizagem, passaram a ser ainda mais complexas com a prática das opressões, políticas e econômicas.

Relação de dominação, portanto; a mais flagrante, que se reforça pela expansão tecnológica e generaliza a uniformidade neutra. As línguas dominadas são, assim, comprimidas no reduto folclórico ou na irresponsabilidade técnica. O recurso não é, então, a uma língua universal, por mais calculada que ela seja, à maneira do esperanto. Pois toda língua que não cria, que não toma parte na vida, subtrai e reduz tanto quanto o universal não generalizante.

Relação de fascínio, cada vez menos virulenta, decerto, mas que levou as elites intelectuais dos "países em desenvolvimento" ao uso reverencial de uma língua de prestígio de que só se serviram para empobrecer-se.

Relações de multiplicidade ou de contágio, nas quais as misturas irrompem em criações fulgurantes, sobretudo nas linguagens dos jovens. Os puristas ficam furiosos com elas, enquanto os poetas da Relação, maravilhados. Os empréstimos linguísticos só são de se lamentar nessas ocasiões em que eles se mostram passivos, sancionando uma dominação.

Relações de complacência ou de derrisão, nas quais a frequência aos enclaves turísticos encena um papel significativo, assim como as práticas cotidianas de subordinação ou de domesticidade. Essa tendência em favorecer a aparição dos sabires é varrida pelas políticas de educação nacional, quando elas são bem idealizadas e realizadas.

Relações de tangência, de longe as mais insidiosas, sempre que aparecem línguas compósitas, línguas de compromisso entre dois ou mais idiomas, por exemplo, os crioulos das áreas francófonas nas Américas ou no oceano Índico. Deve-se então neutralizar a erosão da língua nova, roída por dentro pelo simples peso de uma de suas componentes, a qual, entrementes, se fortaleceu como agente de dominação.

Relações de subversão, quando uma língua é orientada por toda uma comunidade a um novo uso, normalmente contestador. Os antilhanos anglófonos, os negros dos Estados Unidos dão-nos exemplos convincentes no uso que fazem da língua inglesa, assim como os quebequenses na apropriação da língua francesa.

Relações de intolerância, no ensino de uma língua de comunicação, por exemplo. A língua se estabelece de uma vez por todas em sua história (de origem) e é considerada irredutível a esses terríveis contágios que locutores ou criadores de outras origens provavelmente a fariam sofrer. A "fluidez atávica" no exercício da língua é considerada indispensável para sua perfeição. Decorre daí a opinião de que as teorias de aprendizagem e as didáticas só podem ser concebidas no "país de origem".

As oposições entre escrita e oralidade não datam apenas de um passado recente. Por muito tempo, e no interior de uma mesma determinada língua, o árabe, por exemplo, elas exerceram eventualmente suas clivagens, definindo então duas ordens de linguagem para uma coletividade: uma, erudita, outra, popular.

É o caso dos países monolíngues com problemas "internos", esses dois usos – do oral e do escrito – provocando rupturas (pela discriminação social que divide os modos de uso da língua). Outros problemas "internos" podem estar relacionados algumas vezes com a erradicação de dialetos regionais inscritos na língua, outras, com a dificuldade de transcrição desta última. O exemplo nos permite esboçar a inesgotável variedade das situações linguísticas, muito mais perturbadora do que o número de línguas faladas no mundo.

Países monolíngues com problemas "externos": uma língua nacional, de grande comunicação, está ameaçada, no plano econômico e cultural, por uma língua estrangeira.

Países bilíngues com problemas "internos": duas línguas de grande comunicação confrontam-se, cada uma adotada por uma das partes da comunidade a partir de então desestabilizada.

Países de diglossia: uma língua de comunicação tende a dominar ou restringir, às vezes até o desaparecimento, uma ou mais línguas "maternas", vernáculas ou compósitas, de tradição oral. As tarefas de fixação e de transposição dessas línguas têm, neste caso, uma urgência dramática. Assumidas por pesquisadores e colocadas em prática por todos, elas sem dúvida confirmarão soluções e compromissos pouco a pouco generalizados conforme sistemas de variáveis. É possível prever a mesma urgência no que se refere às línguas de escrita não fonética, mesmo quando estão fortemente alçadas a uma unanimidade nacional.

Países multilíngues sem problemas aparentes: um princípio federativo modera a relação entre as línguas de uso, mais frequentemente veiculares.

Outros países multilíngues, ao contrário, onde o grande número de línguas maternas faz com que a escolha de definir a língua oficial ou nacional seja difícil.

Essas situações sobrepõem-se, acrescentam-se, contrariam-se, indo além do simples conflito oral-escrito. Elas são espetacularmente significativas das relações entre povos e culturas. Sua complexidade interdita qualquer avaliação sumária ou redutora no que se refere às estratégias a serem usadas. O trabalho das línguas, na relação mundial, decerto obedece a algumas leis das dominações econômicas e políticas, mas não escapa da prospectiva dura e rígida.

Essa mesma complexidade autoriza a sair do confinamento. Deixamos de acreditar que estamos sozinhos nesse sofrimento de expressão. Descobrimos que o mesmo acontece com várias outras comunidades.* A partir de então, ganha importância o pensamento de que falar sua língua e se abrir à do outro deixam de fundar uma alternativa. "Eu converso com você na sua língua e é na minha que eu te entendo." Criar, não importa em que língua, supõe que estejamos habitados pelo desejo impossível por todas as línguas do mundo. A totalidade nos interpela. Toda obra de literatura é hoje inspirada por esse desejo.[1]

Não se pode dizer menos a respeito de que falar sua língua ou suas línguas significa para um povo, antes de mais nada, estar livre, através delas, para poder produzir em todos os níveis, ou seja, para concretizar, para tornar visível, a ele mesmo e aos outros, sua relação com o mundo.

A defesa das línguas, garantidora do Diverso, é, dessa forma, inseparável do reequilíbrio das relações entre comunidades. Como sair do confinamento, se duas ou três línguas sozinhas continuam a monopolizar os incontestáveis poderes tecnológicos, sua manipulação, impostos como única via de salvação, e estimulados por seus próprios efeitos? Tal dominação bloqueia o florescimento dos imaginários, impede que sirva de inspiração, confina a mentalidade ge-

---

* Descobrimos também, com grande surpresa, pessoas acomodadas na massa tranquila de suas línguas, que nem entendem que possa existir um tormento de linguagem e que ainda dizem na sua cara, como nos Estados Unidos: "Isso não é um problema".

ral nos limites de um preconceito que só é favorável à eficiência tecnológica. Contra tamanhas perdições, o recurso a longo prazo é popularizar incansavelmente o pensamento de uma etnotécnica, pela qual se adaptariam as escolhas de evolução às reais necessidades de uma comunidade, à paisagem preservada de seu entorno. Tampouco se garante que isso vá dar certo, a perspectiva é bastante aleatória; esse caminho, porém, é imperativo. A promoção das línguas é o primeiro axioma dessa etnotécnica. E sabemos que, no campo do conhecimento, atentemos para isso, a poesia sempre foi a etnotécnica por excelência. A defesa das línguas passa (também) pela poesia.

De resto, a tendência de todas as culturas em se reunirem em uma mesma perspectiva desenhada pelo audiovisual aciona possibilidades ainda inimagináveis de partilha e igualização. Ninguém está dizendo que, nesse encontro, as línguas de tradição oral seriam desfavorecidas *a priori*. Mais flexíveis, talvez, e mais adaptáveis, elas se prestariam à mutação, sobretudo se comparadas às línguas de tradição escrita, enrijecidas em suas fixações seculares. Há pouco tempo, eu soube de um projeto de uma empresa de tecnologia no Japão que investia quantias significativas no estudo teórico de algumas línguas orais africanas: a intenção era explorar as capacidades dessas línguas em criar uma nova linguagem na informática, servindo de suporte generalizado para sistemas inéditos. Naturalmente, essas pesquisas tinham como objetivo, a princípio, a conquista de um mercado potencial no século XXI e, como motivação, a concorrência ao anglo-americano. Mas nota-se como a mais interessada tecnologia estava empregando ali certamente não a liberação (de fato) das línguas da oralidade, mas desde já o seu reconhecimento por direito.

ÉDOUARD GLISSANT › *138*

Para além das lutas intensas contra as dominações e para a liberação do imaginário, abre-se um campo múltiplo, onde a vertigem nos toma. Mas não se trata da vertigem que precede o apocalipse e a queda de Babel. É o tremor iniciador, diante desse possível. Está dado, *em todas as línguas*, construir a Torre.

TRANSPARÊNCIA E OPACIDADE

Ainda existem centros de dominação, mas sabemos que não se erigem mais altos postos exclusivos do saber, metrópoles do conhecimento. À generalidade abstrata desse conhecimento, que havíamos associado ao espírito da conquista e da descoberta, sobrepõe-se agora uma densa materialidade da presença dos povos. O conhecimento é por ela mudado, ou pelo menos a epistemologia de que fazemos uso. Sua transparência, ou melhor, sua legitimidade, não está mais fundada em um direito.

A transparência deixou de figurar como o fundo do espelho em que a humanidade ocidental refletia o mundo à sua imagem; no fundo do espelho agora há opacidade, um lodo depositado pelos povos, lodo fértil, mas na realidade incerto, inexplorado, ainda hoje e frequentemente negado ou ofuscado, cuja presença insistente não podemos evitar ou deixar de vivenciar.

A história recente da língua francesa corresponde (e responde) a esse movimento. Como não se ancorava nas paragens da dominação concreta e sem verniz – a exemplo do anglo-americano –, essa língua parecia destinada, há algum tempo e por algumas pessoas, a um tipo de dominação semi-ideal, por meio da qual teria mantido a transparência, contido, dentro dos limites de um classicismo bem sentido, a opacidade cada vez maior do mundo, perpetuando assim um humanismo tépido, incolor e tranquilizador. É preciso defender todas as línguas, e a francesa consequentemente (minha língua de criação e a qual eu não gostaria de ver estereotipada dessa forma), contra essas tendências ineptas de retaguarda. Veicular ou não, uma língua que não se aventura na perturbação do contato das culturas, que não se engaja na ardente reflexibilidade de uma relação paritária com as outras línguas, parece-me, talvez em longo prazo, condenada a um real empobrecimento. É verdade que, para todos, se mantém a ameaça da equalização pela língua anglo-americana, a qual, por sua vez, corre o risco de se transformar em um esperanto técnico-comercial, um empacotamento sumário da expressão (que não seria a língua de Hopkins nem a de Faulkner, tampouco a dos *pubs* de Londres ou dos armazéns do Bronx). Também é verdade que a situação é pontualmente a do lento desaparecimento das línguas que não são sustentadas pelo poder econômico e pelas políticas concorrenciais que o significam. De modo que, da mais prestigiosa à mais humilde, as línguas do mundo são solidárias em uma mesma exigência ainda não reconhecida pela opinião geral: a da mudança de mentalidade, da ruptura com o irreparável movimento de aniquilação dos idiomas, concedendo a toda língua, seja ela poderosa ou não, veicular ou não, o espaço e os meios de se manter em um concerto total. A sinfonia das línguas seria mais bonita de ser vivida do que a redução a um monolinguismo universal, neutro e padronizado. Não resta dúvida, a língua franca (língua francesa humanista, sabir anglo-americano ou código esperanto) é sempre apoética.

No vago contexto daquilo que chamamos francofonia, a ideia, aparentemente simples, era considerar a língua francesa como portadora *a priori* de valores, pelo que ela poderia ajudar a corrigir as tendências anarquizantes das diversas culturas que, inteira ou parcialmente, derivam de sua expressão. A francofonia não seria tanto o que ela assumiria ser, uma reunião solidária de convergências culturais, mas um tipo de profilaxia geral contra desculturações e difrações consideradas lamentáveis. Ao menos é assim que se poderia analisar o discurso de grande parte de seus primeiros promotores.

Por exemplo, diz-se que a língua francesa sempre foi inseparável de uma busca pela dignidade do homem, enquanto ele se conceberia como uma entidade irredutível; e daí podemos deduzir que, dessa forma, essa língua permitiria atenuar as exasperações limitativas que supostamente se observa nas procuras de identidade em curso no mundo contemporâneo. Haveria extremos improdutivos na procura coletiva pela identidade – o que chamaríamos de busca pela etnicidade – na qual o homem, enquanto indivíduo, correria o risco de se aniquilar. A prática da língua francesa, porque essa língua seria garantidora da dignidade da pessoa, limitaria esses excessos do coletivo. Em outras palavras, essa língua teria uma função de humanização, inseparável de sua própria natureza, e que protegeria da tendência a uma coletivização abusiva da identidade. No debate atual, a língua francesa, língua dos direitos do homem, ajudaria a se preservar dos excessos cometidos pelos pressupostos de qualquer proclamação dos direitos dos povos. Isso seria a transcendência da francofonia: um tipo de corretor do humanismo.

Outra característica da língua residiria em uma vocação literária de clareza, daí sua reputação de prazerosa racionalidade, ou seja, a garantia de um gozo legítimo na manipulação de um conjunto de concisões consecutivas, não contraditórias.

A natureza "essencial" da língua literária precederia os acidentes, felizes ou infelizes, de seus usos culturais reais e diversificados. (Abordagens táticas renovadas dessa vocação: fala-se que a defesa das línguas está inscrita nessa natureza da língua francesa: é a francofonia plural ou, tratando-se das Antilhas e do oceano Índico, a crioulofonia na francofonia). Vista dessa maneira, a língua representaria não apenas o que é diversamente comum à prática linguística dos povos que entram na francofonia, mas também, na literatura, e talvez em absoluto, o que lhes é dado de antemão. Concluiríamos rapidamente que existe uma "boa" maneira de praticar a língua. E desembocaríamos naturalmente em escalas de valor de uso no campo francófono.* A língua seria a tabela significativa dessa hierarquização.**

Nem a função de humanização, a famosa universalidade portadora de humanismo, nem a equilibrada predestinação à clareza, à racionalidade gozante, resistem à prova. Não existe vocação das línguas. É, no entanto, contra tais inépcias sabiamente distribuídas que devemos lutar, em toda a extensão de um discurso desculturalizante como esse. O observador atento percebe, no orador, a vontade inquieta de se limitar à falsa transparência do mundo que se se dominava, de não adentrar a penetrável opacidade de um mundo onde simplesmente estamos, ou concordamos em estar, com outros e entre eles. A pretensão à concisão consecutiva e não contraditória é, na história da língua, o véu que dissimula essa recusa e o justifica. Essa é de fato uma vocação à retaguarda.

Da mesma forma que existiria uma "boa" maneira de praticar a língua, haveria uma maneira "correta" de ensiná-la. Isso é o que repercutirá não apenas na concepção que fazemos da língua, mas na ideia que consolidaremos de sua relação

---

* *Já* existe distinção entre uma francofonia do Norte: França, Suíça românica, Valônia, Quebec, e uma francofonia do Sul: todo o resto.

** Os especialistas das literaturas francófonas nem sempre resistem em "comparar" os escritores desses países. Essa coisificação risca com um traço a unidade orgânica de nossas literaturas em proveito da apreciação do crítico, que não ousaria aplicar esses mesmos métodos no *corpus* literário francês.

POÉTICA DA RELAÇÃO > *143*

com outras línguas. E, consequentemente, no aparelho teórico implementado pelas disciplinas que se aplicam ao uso das línguas, seja para analisá-las, para traduzi-las entre si ou para permitir seu ensino.

Se, porém, nos referirmos ao texto literário, que, no fim das contas, é o que melhor desenha a imagem ou até a função de uma língua, e se analisarmos como ele é afetado pelo aprendizado ou pela tradução (esses dois mecanismos fundamentais da prática relacional), voltaremos, naturalmente, à abordagem crítica das noções de transparência e de opacidade.

O texto literário é por função, e contraditoriamente, produtor de opacidade.

Porque o escritor, ao adentrar em seus escritos amontoados, renuncia a um absoluto, sua intenção poética, um todo de evidência e sublimidade. A escrita é relativa em relação a esse absoluto, ou seja, opacifica-o de fato, ao realizá-lo na língua. O texto vai da transparência sonhada à opacidade produzida nas palavras.

Porque o texto escrito se opõe a tudo o que levaria um leitor a formular diferentemente a intenção do autor, de quem, ao mesmo tempo, ele só pode adivinhar os contornos. O leitor vai, ou melhor, tenta voltar da opacidade produzida à transparência lida por ele.

A prática de um texto literário revela, portanto, uma oposição entre duas opacidades, aquela que é inseparável desse texto, mesmo que se tratasse do mais inofensivo soneto, e aquela que está sempre em movimento, a opacidade do autor ou do leitor. Pode acontecer de este último tornar-se literalmente consciente dessa oposição, caso em que ele então considera o texto "difícil".

O aprendizado e a tradução têm em comum o fato de que tentam devolver "transparência" ao texto. Isso significa que eles buscam erguer uma ponte entre dois tipos de opacidades: a de um texto posto contra um leitor iniciante para quem todo texto é considerado difícil (caso da aprendizagem), e a de um texto que se aventura no possível de um outro texto (caso da tradução).

Preferencialmente, as obras literárias escolhidas para o ensino de uma língua são as que melhor respondem a um suposto patrão da língua; não as mais "fáceis", mas aquelas que são conhecidas por portarem um mínimo de opacidade ameaçadora. Era o caso dos textos de Albert Camus nos anos 1960 para os estudantes estrangeiros na França. Caso que revela um contrassenso fundamental, pois o texto de Camus era, apenas aparentemente, claro e límpido. O ensino que se baseava nesse axioma de clareza criava um impasse sobre o drama situacional em que os eventos da Argélia enredaram Camus, repercutindo na estrutura apertada, febril, contida do estilo que ele tinha adotado, para confiar-se e ao mesmo tempo retirar-se.

No caso do uso de uma língua, será necessário então analisar, para retomar uma expressão do sr. Patrick Charaudeau, a "competência situacional" dessa língua. Aprendemos com ele que um dos estágios preliminares do ensino seria colocar o aprendiz em um estado de competência situacional em relação ao assunto do texto abordado. Retomando a expressão e estendendo-a do aprendizado ao uso, digo que existe ainda uma competência situacional a mais, da qual o aprendiz, bem como o usuário ou o autor, devem tomar consciência e que não diz respeito a um texto determinado, mas à própria língua: sua situação na Relação, seus avatares, seu devir possível.[1]

POÉTICA DA RELAÇÃO > 145

Então é preciso reapreciar as línguas veiculares, na verdade, as línguas do Ocidente, que se espalharam por quase toda parte do mundo. Seus usos exponenciais foram assumidos por comunidades "densas" demais para serem consideradas periferias linguísticas em relação aos lugares de origem dessas línguas. Nem os Estados Unidos (ou a Austrália ou o Canadá) em relação à Grã-Bretanha, nem o Brasil em relação a Portugal, nem a Argentina ou o México em relação à Espanha. Entre essas línguas veiculares, apenas a língua francesa parece ter se espalhado por todos os lugares sem ter realmente se concentrado em algum lugar. Tanto a Valônia quanto o Quebec estão ameaçados, o Magrebe está se arabizando, os estados africanos e os países antilhanos francófonos não têm peso relevante, pelo menos no que se refere ao plano político e econômico. De tal modo que essa dispersão, ao mesmo tempo, reforçou a ilusão de que o lugar de origem da língua continuava (ainda hoje) sendo a matriz privilegiada, e favoreceu a crença de que haveria um tipo de valor universal dessa língua, sem medida comum com suas zonas reais de difusão. Assim, a competência situacional da língua foi supervalorizada ao mesmo tempo em que foi "mantida" em seu lugar de origem. O universal generalizante é sempre etnocêntrico. Esse é um movimento (centrípeto) contrário ao da expansão elementar e selvagem do anglo-americano, o qual não se estorva com valores e pouco se preocupa com o futuro da língua inglesa, contanto que o sabir obtido nessa e por meio dessa expansão sirva para manter uma dominação efetiva. O imperialismo (o pensamento como realidade do Império) não concebe o universal, mas vale-se dele a todo momento.

Outra diferença pode ser percebida na relação, manifesta ou latente, entre as línguas veiculares e as línguas vernáculas ou compósitas, ou subversivas, com as quais tiveram contato.

ÉDOUARD GLISSANT › *146*

Como vimos, tentamos entender por que, durante a expansão europeia nas ilhas, a língua francesa foi a única a dar lugar a línguas de compromisso, os crioulos francófonos, que lhe escapam e lhe são também ameaçadoramente tangentes. As outras línguas em extensão nessas regiões autorizaram somente alguns *pidgins*, algumas práticas de subversão inscritas na própria língua, ou particularidades que sublinham não mais do que traços culturais regionais, sem questionar, aparentemente, a unicidade orgânica de cada uma dessas línguas veiculares.* A consequência é que o espanhol, por exemplo, passou a ser, sem problema específico ou conflito notório, a língua nacional dos cubanos ou dos colombianos. O mesmo não aconteceu com a língua francesa. Ela sofreu consideráveis alterações quando passou a ser quebequense, só com muitas dificuldades se tornou uma língua nacional para os estados da antiga África francófona e não conseguiu ser "naturalmente" (por causa da diglossia) a língua de inspiração dos caribenhos ou dos reunioneses.**

Essas diferenças de situação não impedem de constatar que, em diferentes níveis de complexidade, existem várias línguas inglesas, espanholas ou francesas (sem contar o sabir anglo-americano, facilmente praticável por qualquer pessoa). Independente de qual seja a intensidade dessa complexidade, o que se tornou obsoleto é o próprio princípio (senão, a realidade) da unicidade intangível da língua. A mul-

* (Considero aqui crioulo – ao contrário, talvez, das regras – uma língua cujo léxico e a sintaxe pertencem a duas massas linguísticas heterogêneas: o crioulo é um compromisso. Considero *pidgin* uma reforma lexical e sintática na massa de uma mesma língua, com uma vontade agressiva de deformação, o que o distingue de um dialeto. As duas práticas decorrem de uma atividade de crioulização.)

** (Chamo diglossia – noção que aparece em linguística, mas que é declarada não operatória pelos linguistas – a dominação de uma língua sobre outra, ou várias outras, em uma mesma região.)

POÉTICA DA RELAÇÃO > *147*

tiplicidade invadiu as línguas veiculares, tornando-se interna a elas, mesmo que pareçam resistir – como o espanhol – a qualquer movimento centrífugo. O que é essa multiplicidade? A renúncia implícita ao orgulhoso aparte monolíngue, a tentação de uma participação no emaranhamento mundial.

Três consequências podem ser depreendidas daí. Primeiro, o revigoramento das antigas línguas orais, vernaculares ou compósitas, bem como sua fixação e transcrição sofrerão forçosamente os riscos dessa complexidade interna introduzida no regime das línguas. Será pouco proveitoso, e até perigoso, defender essas línguas conforme um ponto de vista monolinguístico: isso significaria encerrá-las em uma ideologia e em uma prática já ultrapassadas. Em segundo lugar, depreende-se que toda técnica de ensino ou de tradução devem, hoje, considerar essa multiplicidade interna das línguas, que vai além das antigas divisões em dialetos específicas de cada uma delas. Enfim, e esta é uma observação de caráter operacional, o grau da opacidade devolvida a cada língua, veicular ou vernacular, dominante ou dominada, cresce desmedidamente com essa nova multiplicidade. A competência situacional de cada uma das línguas de nosso universo é sobredeterminada pela complexidade dessas relações. A multiplicidade interna das línguas confirma, aqui, a realidade do multilinguismo e lhe corresponde organicamente. Nossas poéticas estão respingadas de línguas.

Portanto, na aplicação das técnicas de ensino ou de tradução, é um anacronismo ensinar *a* língua francesa ou traduzir *na* língua francesa. Um anacronismo epistemológico, que nos mantém apegados ao "clássico", ao imprescritível, àquilo que aparentemente não "compreende" a opacidade ou que tenta se opor a ela. Que o queira ou não o purista covarde (que não tem argumentos nem a força de convicção do sr. Etiemble, forçador de sabires), hoje existem várias línguas francesas, e esta língua permite idealizar uma nova unicidade, que não pode mais ser monolíngue. Se a língua está dada de antemão, se ela pretende uma vocação, ela perde a aventura e não *pega* no mundo.

O mesmo se aplica às línguas que atualmente relutam no reduto folclórico e tentam, pela fixação e pelos modos inéditos de sua transcrição, se juntar ao concerto barroco, à trama violenta e sabiamente extensa de nossa intertextualidade. Mas a intertextualidade fértil e superadora requer (já que ela não é fusão nem confusão) que as línguas nela envolvidas tenham, a princípio, gerado suas especificidades. Isso só torna mais urgente desemaranhar com cuidado os momentos de diglossia. De tanto querer correr ao concerto, arrisca-se entender como participação autônoma o que não passaria de um resto disfarçado das antigas alienações. É preciso preservar as opacidades, criar um apetite pelas obscuridades propícias às transferências, desmentir sem trégua as falsas comodidades dos sabires veiculares. A trama não é de transparência; e não basta afirmar o direito à diferença linguística ou, inversamente, à interlexicalidade, para realizá-las de fato.

Seria interessante para o praticante das línguas inverter a ordem das perguntas e inaugurar sua abordagem lançando luz sobre as relações língua-cultura-situação no mundo. Ou seja, a partir da meditação de uma poética. Sem isso, ele corre o risco de andar em círculos em um código do qual insistiria em legitimar as frágeis premissas, em fundar a cientificidade ilusória, enquanto as línguas, no concerto, já teriam escapado em direção a outras frutuosas polêmicas, imprevisíveis.

A PRAIA NEGRA

A praia do Diamante no sul da Martinica vive de uma maneira subterrânea e cíclica. Nos meses de inverno, ela se reduz a um corredor de areias negras, diríamos que vindas das costas acima, ali onde a montanha Pelée varre suas folhagens de lavas quebradiças. Como se o mar empreendesse um comércio subterrâneo com o fogo escondido do vulcão. E imagino essas camadas escuras rolando na profundeza marinha, escoltando até o espaço arejado daqui o que a intensidade do Norte amadureceu de noite e de cinzas impassíveis.

Então a praia é batida por um vento que não sentimos no corpo, é um vento secreto. As ondas chegam alto perto da costa, elas se formam a menos de dez metros, verde-musgo, e, a uma distância mínima, ela liberta suas incalculáveis galáxias. Os galhos das mancenilheiras e das videiras de mar desenham uma desordem que, sob o sol mais tranquilo, rememora a obra do mar noturno. Algas morenas cobrem a linha entre a areia e a terra, empilhadas ali pelo assalto invisível. Coqueiros desenraizados caíram em través, como corpos desamparados. Em seu rastro, até o morro de rochas que demarca o Morne Larcher ao longe, pode-se sentir a força de um ciclone que se sabe que virá.

Da mesma maneira que se sabe que na quaresma essa imensidão caótica sumirá na evanescência arrastada pelo retorno da areia branca e do mar amainado. Assim, esse litoral representa a alternância (ainda que indecifrável) da ordem e do caos. As municipalidades locais gerenciam como podem a passagem contínua, da desmesura que ameaça à fragilidade que plaina.

O movimento da praia, essa retórica cadenciada de uma costa, não me parece gratuito. Ele trama uma circularidade que me atrai.

Foi aí que eu vi passar pela primeira vez um jovem rapaz fantasmático, cuja deambulação traçava infatigável uma fronteira, invisível como o fluxo noturno, entre a água e a terra. O apelidamos de um nome qualquer, pois ele não responde a nenhum nome dado. Certa manhã, ele se pôs em movimento e começou a caminhar pela costa. Ele se recusou a falar, não reconhecendo nenhuma língua possível. Sua mãe está desesperada, seus amigos tentam em vão forçar a barreira desse mutismo. Ele não se aborrece, não sorri; mal ensaia um gesto, quando um carro passa rente a ele ou ameaça atropelá-lo. Ele caminha, puxando por sobre os rins a cintura de uma calça que vai enrolando à medida que seu corpo emagrece. Eu me recuso a descrevê-lo, por achar inconveniente ter que representar uma deriva tão implacável como essa. O que eu gostaria de marcar é a natureza desse mutismo. Todas as línguas do mundo vieram morrer aqui, na recusa tranquila e atormentada ao que acontece no entorno, no país: outra constante deriva, mas na satisfação inquieta; o barulho demasiado ostensivo de uma efervescência que não estaria segura de si, a perseguição de uma felicidade que se limita a frágeis prerrogativas, o adormecimento imperceptível em disputas que acreditamos ser um combate decisivo. Ele recusou tudo isso, rejeitando-nos às beiras de seu silêncio.

Tentei me comunicar com essa ausência. Respeitando o incansável mutismo, eu quis ainda assim (apesar de não ter me feito "compreender" ou aceitar) inaugurar junto com o andarilho um sistema de relação que não estivesse baseado em palavras. Como ele ia e voltava sem parar, com uma regularidade metronômica, na frente do pequeno jardim que

POÉTICA DA RELAÇÃO › *151*

abre nossa casa para a praia, um dia fiz um sinal mudo para ele, um gesto do qual, na verdade, eu não sabia como calcular o movimento: sem afetação nem condescendência, mas sem crítica nem alarde? Ele não me respondeu de primeira, mas na segunda ou terceira volta de sua ronda, como eu insistia sem insistir, ele devolveu-me um sinal imperceptível, pelo menos aos meus olhos, pois esse gesto talvez fosse o máximo que ele poderia exprimir: "Eu entendo o que você quer. Você quer saber por que estou andando desse jeito na não presença. Aceito sua tentativa. Mas olhe à sua volta e pense bem se vale a pena explicar. Você mesmo, você acha que você vale que eu lhe explique? Então fiquemos por aqui. Fomos juntos ao mais longe possível". Enchi-me de vaidade por obter essa resposta.

Era de fato um sinal imperceptível, um tipo de balanço da mão mal levantada, que se tornou (pois eu acabei adotando-o) nosso sinal de conivência. Tive a impressão de que aperfeiçoávamos essa mímica, matizando-a na medida de todos os significados adventícios possíveis. Dessa forma, compartilhamos, até a minha partida, migalhas dessa linguagem de gestos que Jean-Jacques Rousseau disse ter precedido toda língua falada.

Eu pensava naqueles que, nesse lugar do mundo, lutam contra o silêncio e o apagamento. Pensava naquilo que, na obstinação de seu empreendimento, consentiram em ver reduzido: ao sectarismo, ao discurso estereotipado, ao entusiasmo em reproduzir verdades definitivas, à fome de poder. E também em tudo o que o sr. Alain Gontrand tão bem diz sobre nossos "mascaramentos de humor". Eu pensava naqueles que, no resto do mundo (o que fica também é o que se move), não tiveram o prazer de se refugiar na ausência, como esse andarilho – eliminados pela miséria bruta, pela extorsão, pela fome, pelos massacres. É um paradoxo que tantas violências encerrem por toda parte sob a mesma elementaridade da linguagem, quando não sob a extinção da fala. O Caos não teria uma linguagem que valesse? Ou ele produz apenas de modo redutor e anulador? Seu eco reduzir-se-ia a um sabir de sabires, ao nível dos gritos?

A praia, entretanto, havia confirmado sua vulcanidade. A água agora pisa contra o dique de pedras que ali se amontoaram, lembrança de uma antiga devastação de ciclone, Beulah ou David. Sob a espuma, a areia negra cintila como uma pele que se escama. A linha da costa está presa entre os coqueiros, que estão plantados no mar e clamam com suas folhagens cadentes a energia das profundezas. Nós medimos esse encolhimento, que se acentua à medida que o inverno se pronuncia. Então, bruscamente, pelo menos para nós, que estamos atentos a essas mudanças, a água baixa, acomodando dia após dia uma fita cada vez mais larga e cinzenta. Não vá evocar uma maré. E, no entanto, ela desce! A praia, alargando-se, corre à frente da quaresma futura.

Parecia-me que o caminhante taciturno acelerava a cadência de suas passagens. E que, no país circundante, também crescia o atordoamento. Por compilação, trepidação ou precipitação de tudo (o barulho, a fala, as coisas que deveriam ser consumidas, o *zouk*, os carros), queríamos a todo custo imitar o movimento que adivinhávamos no alhures. Esquecemo-nos de nós mesmos, de qualquer jeito e em qualquer velocidade.

Esforçava-me, então, em fazer equivaler, nessa circularidade que persigo, a ressaca da praia e o vazio rodopiando na área circundante, a ronda desse redemoinho que tinha se retirado em sua própria força motora. Esforçava-me em trazê-los de volta, eu também, a essa cadência do mundo com a qual consentimos sem que possamos medir-lhe nem controlar-lhe o curso. Eu pensava que por toda parte, de formas bem diferentes, a mesma necessidade está em jogo, a de adentrar a pulsão caótica da totalidade, sofrendo, no entanto, as exaltações ou as dormências das existências particulares. Eu pensava nesses modos, que também são lugares comuns: o medo, o consumo, a extinção torturada, as resistências incansáveis, a crença ingênua, a fome sem eco, o espanto, as aprendizagens teimosas, os aprisionamentos, as lutas sem esperança, a retirada e o isolamento, os orgulhosos poderes, a riqueza cega, o imobilismo, o embotamento, as ideologias disfarçadas, as ideologias alardeadas, o crime, a bagunça, os racismos, as favelas, as técnicas sofisticadas, os jogos primários, os jogos sofisticados, os abandonos e as traições, as vidas inconsequentes, as escolas em funcionamento, as escolas em ruína, os complôs de poder, os prêmios de excelência, as crianças fuziladas, as máquinas informáticas, as aulas sem papel nem lápis, a fome exacerbada, as perseguições, as felicidades, os guetos, as assimilações, as imigrações, as doenças da Terra, as religiões, as doenças do espírito, as músicas da paixão, as fúrias do que apropriadamente chamamos libido, os prazeres pulsionais e esportivos, e tantas outras infinitas variações da vida e da morte. Apenas esses lugares-comuns, em quantidades incontáveis e definidas, produziam de fato esse uivo, no qual seria possível detectar, no entanto, o sotaque de cada língua do mundo. O caos não tem linguagem, ele as suscita em miríades quantificáveis. Nós deciframos o ciclo de suas confluências, a medida de suas velocidades, as semelhanças de suas distrações.

Agora, a praia move-se em tormenta. A cor da areia é desordem, nem cinza nem luz, adaptada, no entanto, à qualidade do ar e do vento. O mar espuma mais do que o comum na estação: sente-se que os recifes irão logo acalmar suas investidas. Superfícies trêmulas o aureolam. Como se essa realidade (a areia, as árvores de mar, a água condutora de vulcão) organizasse sua economia conforme um plano cíclico, compelido em uma desordem. Vieram-me à cabeça esses projetos mirabolantes implementados para salvar o país, a cada dois anos ou mais ou menos isso, e que todos eles, determinados por noções de sujeição, perecem inevitavelmente no abismo do lucro pessoal. Eu me perguntava se, num pequeno país como o nosso ("acredito no futuro dos pequenos países"), as perspectivas econômicas (sua inspiração) não deveriam ter sido à imagem da praia do Diamante: cíclicas, cambiantes, mutantes, percorrendo uma economia da desordem, cujo detalhe seria minuciosamente calculado, mas cujas visões do conjunto mudariam muito rapidamente, conforme a variação da conjuntura.

Com efeito, se classificarmos, sem qualquer método na sua apresentação, alguns dos campos em que se realizam, num país como este, todo plano de desenvolvimento econômico, a infraestrutura e sua manutenção, as condições de investimento, o orçamento do Estado (qual Estado?), a formação profissional, a pesquisa por desempregados, as fontes de energia (quais fontes?), o desemprego, a vontade de criar, a cobertura social, o fisco, a concertação sindical, o mercado interior, a importação-exportação, o acúmulo de capital, a distribuição do produto nacional (de qual nação?), cada um desses campos encontra-se aqui em crise, inexistente ou impossibilitado; nem um dos quais convocado pela inspiração de um poder político independente; além disso, todos revelam uma desordem estrutural herdada da colonização, em que nenhum reajuste de paridade (entre a antiga colônia e a antiga metrópole), muito menos a planificação da ordem ideológica, seria capaz de corrigir.

É para isso que precisamos voltar: para as fontes de nossas culturas, para a mobilidade de seu conteúdo relacional, para melhor apreciar essa desordem e modular sobre ela toda ação. Adaptar a ação às possibilidades do que seria, a cada vez ao longo da história, a economia de subsistência, como ela existia à margem das plantações, a economia de mercado, como o mundo atual nos impõe, a economia regional, para juntar-se à realidade da região caribenha, a economia planificada, enquanto os ensinamentos das ciências nos sugerem suas modalidades.

Abandonar a perspectiva única de uma economia mecânica baseada em subsídios máximos, a serem recebidos pela boa vontade de um Outro. A obsessão por esses subsídios ano após ano enrijece o pensamento, paralisa a iniciativa, leva a distribuir manás aos mais petulantes, negligenciando, talvez, os mais eficazes.

Uma economia da desordem, que me fez lembrar quando o sr. Marc Guillaume construiu uma teoria completamente diferente,* mas que talvez se assemelhasse ao que o sr. Samir Amin havia dito sobre as economias autocentradas. Loucura! Pensei imediatamente. Loucura! Gritaram-me. Mas loucura que comporta uma quantidade significativa de possibilidades de reflexão para o especialista no assunto.

Então, a principal qualidade passa a ser aqui a aceleração. Não essa precipitação esquecida que impera ao redor, mas a acuidade extrema do pensamento, sempre prestes a variar em sua errância. Ser capaz de mudar a qualquer momento de velocidade e direção sem, no entanto, mudar de natureza, nem de intenção, nem de vontade: talvez seja esse o princípio ideal para um sistema de economia como esse.

* Marc Guillaume, *Éloge du désordre*, Paris: Gallimard, 1978.

As mudanças de direção dependeriam de uma análise severa do real. A permanência da intenção e da vontade, nós a forjaríamos no conhecimento de nossas culturas.

Essa aceleração, essa velocidade, correm por toda a Terra. "E, no entanto, ela se move!" O aparte de Galileu não apenas indicara uma nova ordem no conhecimento dos astros; ele profetizou a circularidade das línguas, a velocidade convergente das culturas, a autonomia (em relação a qualquer dogma) da energia que resulta delas.

Mas, enquanto eu errava assim, o silêncio pouco a pouco subiu do cochicho do mar, tão vertiginoso quanto a velocidade e a desordem.

O caminhante, sem palavras, continua a carregar sua areia negra, de um vulcão distante, só por ele conhecido, até as praias que ele finge partilhar conosco. Como ele pode acelerar seu passo, enquanto emagrece tão intensamente? Um de nós sussurra: "Ele está indo cada vez mais rápido, porque se ele parar, se diminuir o passo – ele cai".

Nós não aceleramos, nós nos precipitamos, todos – por medo de cair.

IV
TEORIAS

*A teoria é ausência,
obscura e propícia*

RELAÇÃO:

As reverberações das culturas, em simbiose ou em conflito – diríamos: em polca ou em laghia* –, na dominação ou na libertação, que abrem à nossa frente um desconhecido sempre próximo e diferido, cujas linhas de força às vezes se deixam adivinhar e logo se dissipam. Deixando-nos imaginar o seu jogo que ao mesmo tempo desenhamos – para sonhar ou agir.

A desconstrução de toda relação ideal que se pretenderia definir nesse jogo e do qual a todo momento ressurgiriam as assombrações do totalitário.

A posição de cada uma das partes nesse todo: ou seja, a validade reconhecida de toda plantação particular; mas também a urgência em conceber a ordem oculta do todo – para aí errar sem se perder.

A recusa de toda e qualquer generalização do absoluto, até mesmo e sobretudo a que estaria velada nesse imaginário da Relação: ou seja, a possibilidade de que todos possam nela se achar, a todo momento, solidários e solitários.

---

* Tipo de dança-luta da Martinica, que se assemelha à capoeira. (N.E.)

O RELATIVO E O CAOS

Rondávamos o pensamento do Caos, pressentindo que ele próprio circula em sentido inverso à acepção ordinária do "caótico", dando origem a um dado inédito: a Relação, ou a totalidade em movimento, cuja ordem está sempre em fluxo e cuja desordem é para sempre imaginável.

Existe uma correspondência significativa entre as filosofias secretadas pelas ciências no Ocidente e as noções que costumamos ter delas, ou que lhes impomos, a respeito das culturas e suas relações. Na era do positivismo triunfante, o conceito de cultura (e não ainda das culturas) é monolítico: há cultura onde o refinamento civilizacional levou ao humanismo.* Pensada desse modo, a cultura apresenta-se como abstração pura, como essência desse movimento rumo a um ideal. Aqueles que a acessam são os pilotos e os garantidores do movimento. Eles ensinam ao resto do mundo. Esquecido, passado para trás, abafado por mais de três séculos, o relativismo de Montaigne. A ideia do relativo deverá ser ilustrada na teoria científica da Relatividade para que o sentimento do relativismo das culturas prevaleça.[1]

O que se costuma apreender do pensamento einsteiniano é essa relação simples da Relatividade com o princípio do relativo. O resto é armadilha no campo dos teoremas. Sem acesso direto ao que o sabedor diz, o público, por substituição ou compensação, acabou mistificando sua figura. Essa mistificação é o sinal da presença e da força do relativo

---

* O que o positivismo e o humanismo têm em comum é que eles acabam impondo como realidade um "objeto ideal" que, de início, já definiram como valor.

em nós. A tal ponto que a fórmula $E=mc^2$ se tornou lugar comum (ou lugar-comum), à qual recorremos inconscientemente, devido ao seu peso simbólico, sem estarmos certos de realmente apreciar seu conteúdo.

O que podemos reter dessa teoria sobre nossa matéria, quando não estamos limitados pelas nossas debilidades de não especialistas? Que não existe pensamento do absoluto, mas, também, que a Relação de incerteza imaginada por Heisenberg talvez não seja a base de um probabilismo irreversível. (As partículas "primeiras" estão sujeitas ao acaso?) Para Einstein, a Relatividade não ocorre como relativo puro. O universo tem um "sentido" que não decorre nem do acaso nem da necessidade: um deus geômetra (seria o de Newton?), em todo caso uma "razão potente e misteriosa" propõe-nos um enigma a ser decifrado; assim como na obra de Descartes, ele não é portanto um gênio ardiloso. O enigma (esse algo a ser adivinhado pela intuição, a ser verificado pela experiência) "garante" a dinâmica interativa do universo e do conhecimento que temos dele.

O pensamento experimental baseia-se nessa interação e, por sua vez, "garante" que o enigma não se torne impossível (sempre poderemos absorver algo dele) nem absoluto (sempre haverá ainda algo a ser descoberto).

A totalidade em que a Relatividade se exerce, e à qual – por procedimento do espírito – ela se aplica, não é, portanto, totalitária: ela não se impõe *a priori*, não se fixa em absoluto. E, consequentemente, quanto ao espírito: ele não é nem dogmatismo opressivo nem ceticismo probabilista.

O consentimento ao relativismo cultural ("cada uma das culturas humanas tem valor em seu meio e se equivalem em seu conjunto") acompanhou a adesão ou pelo menos o acostumamento das consciências à ideia da Relatividade.

Esse relativismo cultural nem sempre escapou de uma coloração essencialista, a qual desbotou até os conceitos que colaboraram para contestar a dominação das culturas conquistadoras. A ideia de *uma* África, concebida como indivisível, e a teoria da Negritude (no meio francófono) servem de exemplos, na maior parte das vezes, controversos e por isso mesmo.

Esse relativismo, além disso, foi considerado proveniente, por sua voz, do "meio justo". A diversidade das culturas existe, mas ela não impede a formação de hierarquias de civilizações. Ou pelo menos um avanço (regular ou descontínuo) rumo à transparência de um mundo – ou de um modelo – universal. E, consequentemente, em relação ao espírito: nem etnocentrismo totalitário, nem anarquia de tábula rasa. A preciosa ideia de Montaigne acomodava-se ao ronronar tendencioso dessa nova versão do humanismo. Esse relativismo não se origina no relativo.

Assim como a Relatividade considerava afinal uma harmonia do universal, o relativismo cultural (que fora seu reflexo não audacioso, e balbuciante) engenhava, em sua percepção de mundo, uma transparência global e, no fim das contas, redutora. Essa "Sociedade-das-Nações" do cultural não resistiu ao *maelstrom*.

Porém, o que sucedeu ao sentimento dogmático de superioridade, à maligna manobra do falso relativismo, foi o desencantamento distinto, o senso agudo da inutilidade do todo. Se, de fato, tudo se equivalia no *maelstrom*, se a realização da totalidade-Terra desembocava no caos – que interesse poderia haver nisso? A entrada em totalidade, que deveria ter sido exultante, efluía um sabor de decadência de império, reforçada talvez após a Segunda Guerra Mundial, pela presença antagônica dos dois impérios romanos do nosso tempo, os Estados Unidos e a União Soviética, ambos movidos pela mesma crença ingênua, frequentemente atestada na realidade, da superioridade em relação a outros povos. Daria para pensar que cada um daqueles que amealharam bens em quantidade suficiente para não terem muita dor de cabeça iriam sussurrar em segredo: "Esta noite, Lúculo janta com Lúculo."

Enquanto isso, os povos pobres favoreceram, pela sua própria irrupção, o surgimento de novas ideias de alteridade, de diferença, de direito das minorias, de direito dos povos. Parecia que essas ideias, porém, não passavam de cinzas na superfície do magma. Não dava para entender a negligência universal das humanidades que se encontravam e se enfrentavam nos espaços e nos tempos do planeta.

Então, vinda das instituições científicas, essa ideia foi aos poucos se formando, a de que era possível estudar o Caos sem sucumbirmos à vertigem desencantada de suas incessantes transformações.

Arrisquemos duas das direções nas quais se exercem, ou se exasperam, os poderes das ciências.

Em primeiro lugar, a aplicação imediatamente tecnológica, que tende a reativar o "linear projetante" e prepara, senão o acesso ao "cerne" da matéria (o que poderia nunca ocorrer), pelo menos a descoberta ou a conquista, dá no mesmo, dos espaços galácticos. O pensamento tecnológico sabe bem que nunca esgotará o dado universal, mas ele não teme isso. Pelo contrário, ele empaca no mistério do infinitamente pequeno (do "elemento primeiro"), receando encontrar ali um limite em abismo.

A Teoria do Campo Unificado formulada por Einstein tentava estabelecer uma ponte entre essas duas dimensões do universo, definindo sua unidade indiscriminada. Mas parece que o pensamento científico "dominante" momentaneamente renunciou a consolidar ou a aprofundar essa teoria e que, retomando um empirismo confortável, detentor de um imenso poder tecnológico, ele decidiu sobretudo "explorar", e de preferência no infinitamente grande.

Aliás, essa propensão é cada vez mais refutada por tentativas de imaginar ou provar uma "criação do mundo" (o *Big Bang*) que "fundasse" definitivamente o projeto científico. A velha obsessão da filiação talha um novo ornamento. A linearidade rejunta-se. A ideia de Deus está presente. A de legitimidade ressurge. Ciência de vencedores, que desprezam ou temem o limite; ciência de conquista.

A outra direção, que não é uma, distancia-se inteiramente do pensamento da conquista; trata-se de uma meditação experimental (um acompanhamento) dos processos de relação, operando no real, entre os elementos (primeiros ou não) que lhe tramam as combinações. Ciência de pesquisa, de inquirição. Essa "orientação" leva então ao acompanhamento das dinâmicas, do relacional, do caótico – daquilo que, por ser fluido e variante, também é incerto (ou seja, inapreensível), mas a todo instante fundamental e, quiçá, cheio de invariâncias.

É verdade que essas duas tendências se revezam e se reforçam mutuamente. Mas a primeira perpetua a projeção em flecha, ao passo que a segunda talvez esteja recriando os procedimentos do nomadismo circular. Também é verdade que os lugares da desapropriação, os países em vias de pobreza absoluta, são deixados de fora dessa divisão. Mas se eles não "contam" para a ciência conquistadora (a não ser como reserva abundante de matérias-primas), a presença deles é constitutiva dessa outra matéria, que a ciência inquiridora percorre. O caos-mundo é um dos modos do Caos, objeto dessa ciência.

Essa confluência não é passiva. A passividade não tem lugar na Relação. Cada vez que um indivíduo ou uma comunidade se esforçam em definir seu lugar, e ainda assim ele seria disputado, estão contribuindo para deportar a mentalidade geral, para desentocar as regras hoje desgastadas dos antigos classicismos, permitindo novos "acompanhamentos" do caos-mundo.

Na extensão, a ciência do Caos renuncia à potente influência do linear, compreende o indeterminado como um dado analisável, e o acidente, como mensurável. O conhecimento científico, ao encontrar os abismos da arte, ou os jogos das estéticas, desenvolve assim uma das formas do poético, reunindo-se à antiga ambição da poesia em se instituir como conhecimento.

Entendemos por que as filosofias que emanam dos diversos "estados" da ciência guiaram as noções sucessivamente "estabelecidas" das culturas e de seus emaranhamentos. É porque as ideias científicas estão sempre supondo a generalização (sob a influência insuspeita dessa metafísica da qual se emanciparam) e desconfiando o tempo todo dela (como a isso nos inspira toda poética no mundo). Elas finalmente compreenderam a generalização pelo viés da generalidade, trocando o linear da filiação pelo excedente da extensão. Assim atua o movimento das culturas.

Na extensão, as formas do caos-mundo (o revolvimento desmedido das culturas) são imprevisíveis e adivinháveis. Ainda não começamos a calcular suas resultantes: adoções passivas, rejeições irreversíveis, crenças ingênuas, vidas paralelas e tantas outras formas de enfrentamento ou consentimento, tantas sínteses, superações ou retrocessos, tantas invenções que irrompem repentinamente, nascidas de choques e rompendo aquilo de onde nasciam, que são a matéria fluida, turbulenta e obstinada, e talvez ordenada de nosso devir comum.

ÉDOUARD GLISSANT ＞*168*

É significativo, patético ou derrisório, o fato de que os estudantes chineses tenham sido massacrados diante de uma reprodução em papelão da Estátua da Liberdade? E o que pensar de uma casa romena, onde os retratos odiados de Ceauşescu foram substituídos por fotos, recortadas de revistas, de personagens da série de televisão *Dallas*? Fazer a pergunta é por si só imaginar a inimaginável turbulência da Relação.

Sim, só agora começamos a conceber esse esfregamento gigantesco. Quanto mais ele concorre a uma ordem opressora, mais desordem ele suscita. Quanto mais exclusão ele produz, mais atração ele gera. Ele padroniza – mas em cada nó da Relação encontraremos calos de resistência. Ela aprende cada vez mais a superar os julgamentos no obscuro imprevisto dos surgimentos de arte. Sua beleza nasce do estável e do instável, do desvio de poéticas particulares e da vidência de uma poética relacional. Quanto mais ela uniformiza em letargia, mais rebelde é a consciência que ela provoca.

Não abordaremos essa turbulência a partir dos meios empregados pelos teóricos e aprendizes do Caos. Não dispomos de computadores capazes de acompanhar os fluxos das culturas, os nós das poéticas, a dinâmica das línguas, as fases das histórias confrontadas. Será que devemos desejar que um dia nosso imaginário da Relação seja "confirmado" por fórmulas decodificadas que leríamos em telas de máquinas? O acidente, que é a felicidade do poético, pode ele ser domesticado pelos circuitos? As turbulências do caos-mundo seriam então (na análise instrumental e por meio dela) semelhantes às do Caos? Quais seriam então as consequências de uma intromissão como essa?

Todo "vírus" (todo acidente), segundo o sr. Jacques Coursil, é injetado em um sistema informático; mas ele também poderia ser secretado pelo próprio sistema. Nesse caso, ele seria a prova de que o sistema "pensa", de que o acidente afinal está em sua própria natureza. E, também, consequência preciosa para a salvaguarda das liberdades, a garantia de que nunca seria possível fundar um Direito sobre um sistema como esse. Eu acrescentaria, divagando loucamente nessa hipótese, que o vírus manifesta a natureza fractal do sistema; este seria o sinal da intrusão do Caos, ou seja, o indicador incontestável do caráter assíncrono do sistema. Imaginaríamos assim esse outro inimaginável: o computador, o instrumento privilegiado da análise do Caos, seria invadido e habitado por este. O Caos, voltando-se sobre si mesmo, fecharia as portas. Esse seria Deus. (Pelo menos se não inventassem outros instrumentos de investigação que não fossem contamináveis por seu objeto.) A obstinação do pensamento analítico permite diferir ao infinito essa perspectiva. Mas, na verdade, só o imaginário humano não é contaminável por seus objetos. Porque, só, ele os diversifica infinitamente, reconduzindo-os, contudo, a todo um estilhaçamento de unidade. O último momento do conhecimento é sempre uma poética.

OS AFASTAMENTOS DETERMINANTES

A violência contemporânea é a resposta que a sociedade opõe ao imediatismo dos contatos, exacerbada pela brutalidade dos agentes da comunicação. Não se renuncia tão facilmente às confortáveis praias temporais que outrora possibilitavam transformações tão inapreensíveis. As cidades são os locais onde a velocidade concentra e onde a resposta eclode. Sua mecânica é praticada nas culturas de intervenção, e também nas culturas que estão aflorando: Nova York ou Lagos.* Nas favelas e nos guetos das menores cidades, recorre-se às mesmas engrenagens: a violência da miséria e da lama, mas também a raiva inconsciente e desesperada de não "compreender" o caos do mundo. Os dominadores tiram proveito do caos, os oprimidos exasperam-se com ele.

Essa precipitação das relações reverbera no sentido-pleno que fazemos da identidade. Esta não está mais ligada ao mistério sagrado da raiz, a não ser de modo anacrônico às vezes, e na maioria delas de forma assassina. Ela depende de como uma sociedade participa da relação global, inscreve-se nessa velocidade, controla ou não a nave. A identidade não é mais apenas permanência, ela é dotada de variação, sim, uma variável, controlada ou desesperada.

O antigo pensamento de identidade como raiz conduz inevitavelmente, ali onde ela se revela difícil de definir ou impossível de manter, aos refúgios generalizantes do universal como valor. Essa é a reação mais comum das elites dos

* Considero culturas aflorantes as que não dispõem de meios institucionalizados, nem, aliás, improvisados, de intervenção nos fluxos planetários da comunicação.

POÉTICA DA RELAÇÃO > *171*

países do Sul, quando renunciaram a sua própria e difícil definição. O universal generalizante as tranquiliza.

A identidade como sistema de relação, como aptidão a "dar-se com", é, ao contrário, uma forma de violência que contesta o universal generalizante e que requer ainda mais a severa exigência das especificidades. Mas é difícil equilibrá-la.* Por que esse paradoxo, na Relação, em ter que se aproximar o máximo possível das especificidades comunitárias? – Para evitar o risco de um grudamento, de uma diluição, ou de uma "parada" em aglomerados indiferenciados.

Da mesma forma, os conjuntos geoculturais, agregados por reencontros e parentescos, transformam-se no mundo com uma relativa rapidez. Existe, por exemplo, uma comunidade real de situação entre os crioulizantes do Caribe e os do oceano Índico (reunioneses ou seichelenses), mas nada garante que uma evolução acelerada não conduza em breve a encontros tão fortes e determinantes, como entre o Caribe e o Brasil, ou entre as pequenas Antilhas francófonas e anglófonas, levando à formação de novas zonas de comunidade relacional. Não seria possível fundar um pensamento ontológico a partir da existência de tais grupos, cuja natureza é a de variar prodigiosamente na Relação. Essa variação é, ao contrário, a testemunha de que esse pensamento ontológico deixou de "funcionar", deixou de prover uma certeza fundadora, arraigada definitivamente em um território coercitivo.

Em tal movimento, estamos autorizados a sustentar o seguinte princípio: "A Relação é, contanto que os particulares, os quais a constituem em interdependência, tenham antes se emancipado de toda aproximação de dependência."

---

* Da etnopoética à geopoética e à cosmopoética, reforçou-se a tendência, nas estéticas ocidentais, de uma teorização com a intenção de superar as noções ou dimensões de identidade.

As ideologias de independência nacional, que conduziram as lutas da descolonização, foram pouco a pouco substituídas pelos pressentimentos de uma interdependência que hoje está em curso no mundo. Mas ela supõe absolutamente que as independências sejam definidas mais detalhadamente e sejam realmente conquistadas ou sustentadas. Pois ela só é benéfica para todos (ela nunca deixará de ser pretexto ou embuste) quando rege não indistinções amalgamadas, mas afastamentos determinantes.

Uma das consequências mais dramáticas das interdependências está relacionada aos riscos das emigrações. A identidade enquanto raiz condena o emigrante (especialmente na fase das segundas gerações) a um estiramento lancinante. Frequentemente rejeitado no local de sua nova ancoragem, ele se vê constrangido a exercícios impossíveis de conciliação entre seu antigo e seu novo pertencimento.

Apesar da cidadania francesa, essa condição não poupou a maioria dos antilhanos que vivem na França e que participam do movimento geral da emergência da emigração para esse país (magrebinos, portugueses, senegaleses etc.). É por uma impressionante volta da história que seus dirigentes intervêm hoje na Martinica, sugerindo que, depois de tudo, não seria tão inconveniente participar dessa cidadania de forma digna.

Se resumíssemos o que sabemos das variantes de identidade, obteríamos isso:

A identidade-raiz
- está fundada remotamente em uma visão, em um mito, da criação do mundo;
- é santificada pela violência oculta de uma filiação que decorre com rigor desse episódio fundador;

- é ratificada pela pretensão à legitimidade, que permite que uma comunidade proclame seu direito à posse de uma terra, que passa a ser assim território;

- é preservada, pela projeção sobre outros territórios, cuja conquista passa a ser legítima – e pelo projeto de um saber.

A identidade-raiz arraigou assim o pensamento de si e do território, mobilizou o pensamento do outro e da viagem.

A identidade-relação

- está ligada, não a uma criação do mundo, mas à vivência consciente e contraditória dos contatos entre as culturas;

- está dada na trama caótica da Relação e não na violência oculta da filiação;

- não idealiza nenhuma legitimidade como garantia de seu direito, mas circula em uma extensão nova;

- não representa para si uma terra como território, a partir de onde se projeta para novos territórios, mas como um local em que "se dá com" em vez de "com-pre(e)nder".

A identidade-relação exulta-se com o pensamento da errância e da totalidade.

O choque relacional ressoa, portanto, em vários níveis. Quando as culturas seculares tocam-se por suas intolerâncias, as violências que se seguem provocam mútuas exclusões, de caráter sagrado, das quais é difícil prever uma conciliação futura. Quando uma cultura explicitamente compósita, como a martinicana, é tocada por outra (a francesa) que "entrava" em sua composição e continua a determiná-la, não com radicalidade mas com uma erosão assimiladora, a violência da reação é descontínua, incerta de si mesma. Para o martinicano, ela não se arraiga na sacralidade do território e da filiação. É precisamente nesse caso que se deve detalhar ao máximo a severa exigência da especificidade. Pois o composto é eminentemente frágil, ao contato desgastante de uma colonização disfarçada.

Não seria melhor simplesmente consentir de antemão? Não seria viável embelezar a alienação, permanecer em estado confortável de assistido, com todas as aparentes garantias da tomada de decisão? É disso que as elites tecnocratas, formadas para a gestão de uma situação de delusão, tentam se persuadir antes de convencer o povo martinicano. A tarefa deles torna-se ainda menos difícil, na medida em que assumem aparências da conciliação, de humanismo participativo, de realismo preocupado em melhorar concretamente as situações – sem contar os prazeres do consumo permissivo –, sem contar as reais vantagens de uma posição à parte, na qual fundos públicos (franceses ou europeus) servem (mas em benefício de grupos franceses ou europeus, cada vez mais ostensivos no país, ou de castas de *békés* reconvertidos no terciário, conquistados assim pelas ideias dessa elite) para satisfazer um número bem alto deles e para alimentar as esperanças de um número maior ainda.*

E é verdade que, num contexto como esse, de fato se economiza a violência sagrada, essa que não tem limites, e se evita a violência da miséria absoluta, que se espalha sobre a metade do planeta numa velocidade assustadora. Apenas resta aqui, então, essa violência retraída, descontínua, por meio da qual a comunidade manifesta convulsivamente seu mal-estar. Qual? Esse de ter o mundo a consumir sem dele participar, sem ter sequer uma noção a seu respeito, sem

---

* A Martinica, país subdesenvolvido, com 40% de desempregados, consumiu neste ano 1,3 tonelada de caviar do Irã (vindo da França), 40 milhões de francos em champanhe; registra 173 mil carros para 320 mil habitantes. Como diz a apresentadora de televisão que, animada, comentava esses números: "Ano que vem, faremos melhor ainda!".

nada a propor senão uma vaga homilia ao universal generalizante. Mal-estar privilegiado.

A reação traumática, no entanto, não é, aqui (na Martinica), a única forma de resistência. Em uma sociedade não atávica desse tipo, três centros de reagrupamento foram observados: a relação com o entorno natural, o Caribe; a defesa da língua popular, o crioulo; a proteção da terra, pela mobilização de todos. Três modos de existência contestatória, três reflexos culturais, eles próprios não livres de ambiguidade, que não relacionam a severa exigência da especificidade a uma intolerância da raiz, mas a uma visão ecológica da Relação.

Para além das preocupações que tocam ao que chamamos meio ambiente, a ecologia nos aparece como a pulsão a partir da qual os homens estendem ao planeta Terra o antigo pensamento sagrado do território. Ele tem assim uma dupla orientação: ou ele será concebido como um derivado desse sagrado, e então será vivido como algo místico; ou essa extensão carregará o gérmen da crítica desse pensamento do território (de seu sagrado, de seu exclusivo), e a ecologia, então, será uma questão política.

A política da ecologia diz respeito aos povos dizimados ou ameaçados de extinção enquanto povos. Porque, longe de consentir com a intolerância sagrada, ela inspira a solidariedade relacional de todas as terras, de toda a terra. O que funda aqui o direito é a própria solidariedade. As outras considerações passam a ser obsoletas.

Há um debate, por exemplo, a respeito das Antilhas, sobre a legitimidade da "posse" da terra. Conforme as leis misteriosas da raiz (da filiação), os únicos "possuidores" do arquipélago seriam os caribes ou seus predecessores, que foram exterminados. A força constrangente do sagrado sempre leva a indagar quais eram os primeiros ocupantes de um território (os que mais se aproximam de uma "criação" original). Assim, para as terras caribenhas: seriam os caribes e os arauaques, ou outras populações mais antigas e, consequentemente, mais legítimas e "determinantes"? Essa busca inútil já foi anulada no massacre dos índios, que desenraizou o sagrado. A partir daí, a terra antilhana não podia mais se tornar território, apenas terra rizomática. Sim, a terra martinicana não pertence, como absoluto enraizado, nem aos descendentes dos africanos deportados, nem aos *békés*, nem aos hindus, nem aos mulatos. Mas aquilo que era uma consequência da expansão europeia (o extermínio dos pré-colombianos, a importação de novas populações) é ele mesmo o que estabelece uma nova relação com a terra: não um absoluto sacralizado de uma posse ontológica, mas a cumplicidade relacional. Aqueles que sofreram a constrição da terra, que talvez tenham desconfiado dela, que talvez tenham tentado fugir dela para esquecer sua escravidão, também começaram a estabelecer com ela novos laços, dos quais a intolerância sagrada da raiz, com seu exclusivo sectário, já não fazia parte.

A mística da ecologia se apoia nessa intolerância. Maneira reacionária, ou melhor, infértil de pensar a terra; ela quase se assemelha ao "retorno à terra" petanista,* que tinha como instinto somente a reativação das potências da tradição e da renúncia, ao mesmo tempo em que recorria ao reflexo de enclausuramento.

Nos países ocidentais, essas duas escolhas da ecologia (o político e o místico) se reúnem, no entanto, na ação. Mas as diferenças entre elas não poderiam ser ignoradas. Deixar de

---

* Relativo a Philippe Pétain, oficial francês que atuou como chefe de Estado da França de Vichy. Teve grande proximidade com a Alemanha nazista da Segunda Guerra Mundial. (N.T.)

apreciar essas diferenças seria predispor-se, em nossos países, a práticas miméticas que simplesmente foram deportadas pela pressão da opinião ocidental ou carregadas pela padronização das modas, como o *jogging* e a caminhada.

É a esse axioma – não dado de antemão – que sempre chegamos: não basta pronunciar sua especificidade para escapar da indistinção mortal das assimilações; ainda é preciso pôr em ação essa especificidade, antes de consentir com as resultantes.

Mas o axioma – de não ser *a priori* – é duro de ser aplicado. O equilíbrio é arriscado, entre conhecimento de si e prática do outro. Se é preciso recusar as intolerâncias, por que não sucumbir de uma vez aos consentimentos? E se é preciso levar sua liberdade "a cabo", por que não ter o direito de confirmá-la em uma negação radical do Outro?

Esses dilemas regem seus campos preferenciais de aplicação. Por isso a necessidade, para os países pobres, de praticar uma autossuficiência, tanto alimentar quanto econômica. Por isso, também, a de definição das independências vividas ou desejadas. Por isso a da prática de uma etnotécnica, instrumento da autossuficiência. As obrigações nunca foram tão aleatórias na realidade.

Contra a perturbadora padronização do afeto dos povos, alterado pelos processos e pelos produtos da troca internacional, consentida ou imposta, é preciso renovar as visões e as estéticas da relação com a terra.

Mas, com as sensibilidades já muito deportadas por esses processos de troca, não se terá facilidade em obter que os produtos de troca relacional intensa, como a Coca-Cola, o pão de trigo, a manteiga de leite, sejam (aqui) substituídos pelo inhame, a fruta-pão ou uma produção renovada de madou, de mabi* ou de todo outro produto "da terra". Sobretudo porque esses produtos, cuja excelência se deve à fragilidade, não se prestam à conservação, que é um dos segredos do comércio em larga escala. A padronização do gosto é "gerenciada" pelas potências industriais.

Muitos martinicanos podem confessar que na infância detestavam a fruta-pão (legume de base e, por isso mesmo, intimamente associado à ideia da pobreza, à realidade da miséria), mas que, por outro lado, e sobretudo para aqueles que viveram por muito tempo longe do país, tomaram um gosto durável com a idade. Qualquer pesquisa mostraria que o mesmo acontece hoje com a maior parte das crianças martinicanas. Com um tchip!** bem pronunciado nos lábios, essas crianças rejeitam a ideia da fruta-pão, saboreando a do salame. Nos países onde o produto importado impera, a infância é a primeira deportada.

Notei que, pretendendo criticar os romancistas martinicanos que expressam sua visão do real na poética de uma linguagem irrigada pela língua crioula, alguém falou desdenhosamente de dachinismo (do nome da dachine, ou couve-da-china, outro legume do país). A mesma reprovação serve, assim, para sancionar toda produção que não consentiria com a padronização internacional ou não sacrificaria ao universal generalizante.

Em países ricos, onde o importado é relativamente difícil de equilibrar com as exportações, e onde, consequentemen-

---

* O mabi é uma bebida tradicional martinicana licorosa, feita à base de cascas e raízes de plantas mergulhadas no rum. Madou, bebida tradicional da República Dominicana, é feita à base de laranjas, mas cada comunidade ou mesmo cada família tem uma receita própria. (N.T.)

** Trata-se da produção de um som a partir do clic bilabial, prática recorrente em diversas culturas africanas e da diáspora negra, dotada de variadas expressões e significados. (N.T.)

te, os bens exógenos propostos para o consumo são mais ou menos trocados remotamente pela produção local, os planos são mais fáceis de equilibrar. O produto internacional tem menos impacto bruto sobre as sensibilidades, seu "desejo" não é tão implacável.

Em países pobres, os apelos à autossuficiência alimentar estão condenados ao fracasso, se eles se colocarem em um único terreno econômico e de bom senso. O bom senso não desempenha um papel no emaranhado da Relação mundial. A contaminação das sensibilidades é, na maior parte dos casos, profunda demais, e o hábito do conforto das coisas, estabelecido demais, mesmo na maior miséria, para que proscrições ou proclamações políticas sejam suficientes para contê-los. Tanto aqui como em outros lugares, será preciso calcular o que deve ser consentido ao movimento planetário da uniformização dos produtos de consumo (atual vetor, na Martinica, da importação generalizada dos produtos franceses) e o que se deve sugerir de invenção e de nova sensibilidade no uso dos produtos "nacionais".

É aí que a imaginação e a expressão de uma estética da terra, livre das ingenuidades folclóricas, mas rizomando no conhecimento de nossas culturas, se tornam preciosas.

É certo que não se trabalha mais a terra, que não se é camponês, com a mesma instintiva paciência que outrora. Um sem-número de parâmetros internacionais interferiram nessa relação. O homem da agricultura é, necessariamente, um homem de cultura: ele não pode mais produzir de modo inocente.

As profissões da terra também são, como ouvimos diariamente, as mais desoladas possíveis. A solidão tradicional do camponês é exacerbada pelo pensamento confuso de que seu trabalho é anacrônico, nos países desenvolvidos, ou derrisório, nos países pobres. No primeiro caso, ele luta contra rendimentos, taxas, mercados, excedentes; no segundo, contra a poeira, falta de ferramentas, epidemias, penúria. Em ambos os casos, a expansão das riquezas tecnológicas o confunde. Seria detestável render-se a um elogio tolo do campesinato, uma vez que ele vem se deteriorando por toda parte. No futuro, ele acabará morrendo ou transformar-se-á em reserva de mão de obra para técnicas de ponta?

Costuma-se dizer – e esse é um lugar comum – que o futuro da humanidade está em jogo, a menos que, antes da extinção, essas técnicas permitam uma imensa produção de alimentos artificiais, capazes de resguardar os mais ricos. Imaginemos uma terra não cultivada, em uma época em que as usinas dos sintéticos poderão satisfazer os estômagos escolhidos. Ela serviria apenas ao lazer, a um tipo de viagem em que a pesquisa e o conhecimento não teriam mais função alguma. Ela tornar-se-ia decoração, cenário. É isso o que aconteceria com os nossos países, pois também seria possível que as referidas usinas nunca fossem implantadas neles (a menos que cometessem mesmo muitos prejuízos). Seríamos os habitantes de museus da não História Natural. Reativar uma estética da terra talvez seja contribuir para diferir esse pesadelo, climatizado ou não.

A tendência à padronização internacional do consumo não será revertida se as diversas sensibilidades comunitárias não forem transtornadas, propondo a perspectiva, ou pelo menos a possibilidade dessa nova relação estética com a terra.

Como reanimar essa poética uma vez que a mentalidade deriva entre a mística retardatária que notamos e a ridicularização da produção que se desenha por toda parte? Como sempre, a estética da terra parece anacrônica ou ingênua: reacionária ou estéril.

POÉTICA DA RELAÇÃO > *181*

Esse desafio precisa, no entanto, ser superado, caso contrário, os prestígios (e as desnaturações) do consumo padronizado em âmbito internacional levarão a melhor definitivamente, sobre o afeto das comunidades, sobre o prazer de se consumir o que se produziu. O problema é que essas desnaturações provocam desequilíbrio e esgotamento. Nesse sentido-pleno, a paixão da terra onde vivemos é um ato debutante, eternamente em risco.

Estética da terra? Na poeira famélica das Áfricas? Na lama das Ásias inundadas? Nas epidemias, nas explorações veladas, nas moscas zumbindo sobre as peles esqueléticas das crianças? No silêncio gelado dos Andes? Nas chuvas arrastando favelas e cortiços? Nas pedrarias e matagais dos bantustões? Nas flores em torno do pescoço, e nos *ukuleles*? Nos barracos de barro que coroam as minas de ouro? Nos esgotos das cidades? No vento aborígene devastado? Nos bairros resguardados? Na embriaguez dos consumos cegos? No torno? Na cabana? Na noite sem lampião?

Sim. Mas estética do transtorno e da intrusão. Encontrar equivalentes febris para a ideia de "meio ambiente" (que prefiro chamar entorno), para a ideia de "ecologia", que pareciam tão ociosas nessas paisagens da desolação. Imaginar forças de bagunça e doçura para a ideia do amor à terra, que é tão derrisória ou que funda com frequência intolerâncias tão sectárias.

Estética da ruptura e da interligação.

Porque tudo está aí, e quase tudo está dito, quando se percebeu que não seria de forma alguma o caso de transformar novamente uma terra em território. O território é uma base para a conquista. O território exige que aí se plante e se legitime a filiação. O território define-se por seus limites, que devem ser ampliados. Uma terra não tem limites a par-

ÉDOUARD GLISSANT > *182*

tir de agora. É por isso que vale lutar para defendê-la contra qualquer forma de alienação.

Estética do contínuo-variável, do descontínuo-invariável.

A autossuficiência é calculável. Com a condição de que ela não desemboque no exclusivo de um território. Condição necessária, mas não suficiente para determinar as radicalidades que nos guardassem da ambiguidade, reunidas em uma paisagem – que nos reformassem o gosto, sem que precisássemos nos forçar a isso.

É assim que discutimos nossos problemas, no panorama implacável do mercado comercial mundial. Não importa onde você esteja, nem o regime que o junta em comunidade, as potências desses mercados o alcançarão. Se elas lucrarem com isso, irão transacionar você. Não são forças obscuras que você acomodaria com sua complacência, são forças ocultas, de uma lógica irremissível, às quais você deve responder com uma lógica total do seu comportamento. Não se poderia, por exemplo, aceitar o papel de assistido enquanto se finge opor-se a isso. É preciso assumir uma postura. E, para voltarmos à questão já levantada, de nada valeria simplesmente consentir. Senão, a contradição ata na comunidade (que deixa de ser uma comunidade) um nó impossível de ser desfeito, criando um desajuste profundo. Todo o país passa a ser uma plantação, que acredita funcionar em liberdade de decisão, mas que na realidade é extrovertida. A regra é a troca de bens (nesse caso, na Martinica, troca-se dinheiro público importado por um benefício privado exportado). A negociação comercial confirma-lhe a imobilidade e a fragmentação. As mentalidades se desgastam nesse conforto de aparência, pago ao preço de uma descerebração inconsciente e irritante.

Esse é o dilema a ser resolvido. Aprendemos que as declarações peremptórias, fundadas no antigo maniqueísmo das libertações, não servem para nada, só reforçam uma linguagem estereotipada, sem lastro no real. Em primeiro lugar, a dialética de todas essas obrigações está por ser cumprida ou contornada.

Se, por exemplo, pensarmos que uma etnotécnica nos guardaria de importar demais, que ela protegeria a vitalidade física do país, equilibrando as pulsões de consumo, firmando o laço entre pessoas intencionadas, todas, em produzir e criar, isso significaria que voltaríamos a um estágio pré-técnico de artesanato, elevado ao *status* de um sistema, deixando a outros o cuidado de nos proporcionar as consequências de suas vertiginosas experimentações, de nos levar a admirar de longe as realizações de seu saber, de nos alugar, mas sob quais condições, os frutos de sua indústria? Ter algo para trocar, que não seja apenas a areia e os coqueiros, mas o resultado de nossa atividade criadora. Integrar esse bem, mesmo que seja de mar e sol, à aventura de uma cultura por nós partilhada e pela qual seríamos responsáveis.

Nem a autossuficiência aplicada, nem a interdependência consentida, nem uma etnotécnica dominada servem se não forem ao mesmo tempo afastamento e acorde, com (e em relação a) o que lhes serve de referente: o alhures multiforme, sempre proposto aqui, em país controlado, como uma necessidade monolítica.

Nós nos debatemos com nossos problemas, sem saber que eles são generalizados no mundo todo. Não existe um lugar que não tenha um alhures. Nem um lugar onde o dilema não se coloque. Nem um lugar onde não seja preciso calcular o mais detalhadamente possível essa dialética das interdependências ou essa difícil necessidade das etnotécnicas.

A confluência massiva e difratada das culturas faz, assim, com que todo afastamento (em relação a uma pré-norma sugerida ou imposta) seja determinante, mas também que qualquer (auto) determinação seja afastamento gerador.

Tentemos recapitular o que ainda não sabemos, o que não temos hoje como saber, sobre todas as singularidades, sobre todos os percursos, sobre todas as histórias, sobre todas as desnaturações e todas as sínteses que estão em atividade ou que são resultado de nossas confluências. Como chegaram até nós as culturas chinesas ou bascas, indianas ou inuítes, polinésias ou alpinas, e como nós chegamos até elas? O que nos resta, e sob quais formas, de todas as culturas que desapareceram, que colapsaram ou que foram exterminadas? Como ainda hoje vivemos a pressão das culturas dominantes? Com que fantásticos acúmulos, de quantas existências, do individual e do coletivo? Tentemos calcular a resultante disso. Não o conseguiremos. O que experimentamos da confluência é para todo o sempre uma parte de sua totalidade. Não importa quantos estudos e referências acumularemos (é nossa vocação, entretanto, realizá-los com sucesso), não conseguiremos chegar ao fim desse volume, cuja presciência nos possibilita a permanência. O desconhecimento dessa totalidade não significa uma enfermidade. Não desejar conhecê-la, certamente. Imaginemo-la então em uma poética: de todos esses afastamentos sempre determinantes, esse imaginário dá o sentido-pleno. São a carência dessa poética, sua ausência ou sua negação, que fariam falta.*

O pensamento do Outro também é estéril, sem o Outro do pensamento.

---

* Vejo como esse imaginário se apresenta a mim sob uma certa forma no espaço: falei da circularidade (imitando talvez essas curvaturas do espaço-tempo inventadas por Einstein), do volume, da esfericidade dos conceitos, das poéticas e das realidades do caos-mundo: reconstituindo (para mim) a imagem do planeta-mãe, de uma Terra que seria primordial. Do mesmo modo que a ideia (cara a Aristóteles e a Ptolomeu) de uma perfeição da circularidade.

O pensamento do Outro é a generosidade moral que me levaria a aceitar o princípio de alteridade, a conceber que o mundo não é feito de um bloco e que ele não é apenas uma verdade, a minha. Mas o pensamento do outro pode habitar-me sem que me mova em minha errância, sem que ela me "afaste", sem me mudar em mim mesmo. É um princípio ético, o qual me bastaria não violar.

O Outro do pensamento é esse próprio movimento. Nesse caso, devo agir. É quando mudo meu pensamento, sem abdicar de sua contribuição. Eu mudo e transmuto, faço trocas. Trata-se de uma estética da turbulência, cuja ética que lhe corresponde não está dada de antemão.

Se aceitarmos, assim, que uma estética é uma arte de conceber, de imaginar, de agir, o Outro do pensamento é a estética implementada por mim, por você, para juntar-se a uma dinâmica na qual concorrer. É a parte que me cabe da estética do caos, o trabalho a ser feito, o caminho a percorrer. O pensamento do Outro pode ser, às vezes, soberanamente pressuposto pelos dominantes; ou proposto dolorosamente por aqueles que sofrem e se libertam. O Outro do pensamento está sempre posto em movimento pelo conjunto dos confluentes, onde cada um é transformado pelo outro e o transforma.

O sentido comum nos diz que o mundo pelo qual passamos está tão completamente perturbado (a maioria diz: louco), e essa perturbação ressoa tão diretamente em cada um de nós que somos obrigados a viver, para alguns, na infelicidade absoluta, para outros, em um tipo de suspensão generalizada. Enfileiramos dia após dia, um dia após um dia, como se o mundo não existisse, ele que, no entanto, a cada dia nos solicita com uma enorme violência. Sim, fingimos não ser nada. Pois se parássemos para pensar de verdade, abandonaríamos tudo. Lugar comum, que tantas vezes ouvi recitar.

Para suspender o suspenso, recorremos a esse imaginário da totalidade, por meio do qual transmutamos para nós essa loucura do mundo em um caos concebível. Imaginário reativado pelo Outro do pensamento. Afastamento em relação à norma preestabelecida, ou imposta, mas talvez também em relação às normas ou às crenças que recebemos passivamente como herança. Como praticar esse afastamento, se não dominamos prévia e integralmente o que é nosso e de nós? As dependências são enfermidades da Relação, obstáculos ao trabalho de seu emaranhamento. As independências, mesmo desconfortáveis ou precárias, sempre valem, pelos mesmos motivos.

O sofrimento dos povos não nos encerra para sempre na atualidade muda, a simples presença dolorosamente fechada. De vez em quando, ele autoriza essa ausência que é alargamento e sobrevoo: pensamento levantando-se dos prismas da miséria, desfraldando sua própria violência opaca, que combina com as violências do contato das culturas. O pensamento mais tranquilo é assim e por sua vez violência, quando ela imagina o processo arriscado da Relação, evitando, porém, a armadilha sempre confortável da generalização. Essa violência antiviolência nunca é o nada, e sim abertura e criação. Ela acrescenta sentido-pleno à violência operatória dos marginais, dos rebeldes, dos desviantes, todos eles especialistas do afastamento.

O marginal e o desviante pressentem o choque das culturas, vivem-lhe o excesso por vir. O rebelde prepara esse choque, ou pelo menos sua legibilidade, recusando entranhar-se em qualquer tradição; mesmo quando sua rebeldia ganha força com a defesa de uma tradição, ridicularizada ou oprimida por outra tradição simplesmente mais poderosa quanto ao poder de ação. O rebelde defende seu direito de praticar por si mesmo sua superação; o marginal e o desviante vivem ao exagero esse direito.

Nós ainda nem começamos a imaginar ou a calcular as resultantes de todos os afastamentos determinantes, que surgem de toda parte, portadores de todas as tradições e de todas suas superações, e cuja confluência abole os trajetos (itinerários) ao realizá-los no final.

Se os atuais contatos culturais são vertiginosamente "imediatos", outra enorme praia temporal apresenta-se à nossa frente: é o que será preciso para equilibrar as situações particulares, desarmar opressões, juntar as poéticas. Esse tempo por vir parece tão infinito quanto os espaços galácticos.

Enquanto isso, a violência contemporânea é uma das lógicas – orgânicas – da turbulência do caos-mundo. Ela é o que instintivamente se opõe a qualquer pensamento que pretenda monolitizar esse caos, "compreendê-lo" para dirigi-lo.

Os afastamentos são necessários para a Relação, e eles lhe são tributários – assim como a bontia deve à mancenilheira.*

---

* A mancenilheira é árvore de frutos e folhas extremamente tóxicos. Na Martinica, indígenas costumavam usar sua seiva na ponta das flechas, para caça, mas plantavam ao lado dessas árvores a bontia, uma espécie arbórea que servia de antídoto. (N.T.)

O QUE O QUE

1

A força poética (a energia) do mundo, mantida viva em nós, impõe-se em calafrios frágeis, fugazes, à presciência de poesia que divaga em nossas profundezas. A violência que ocorre na realidade nos distrai de saber isso. A obrigação de ter que "compreender" a violência, e de quase sempre precisar combatê-la, nos distancia de uma vivacidade como essa, congela também o calafrio, perturba a presciência. Mas a força nunca se esgota, porque ela própria é turbulência.* A poesia – na medida em que é ela mesma uma totalidade que se reforça – anima-se de outra dimensão de poesia que cada um adivinha ou balbucia no fundo de si. É possível que ela realize uma fusão nessa relação, de si mesma unicamente para si mesma, da densidade à fugacidade, ou do todo ao indivíduo, o essencial de suas definições.

Essa força do mundo não dirige uma linha de força, ela as revela ao infinito. Como uma paisagem que não saberíamos resumir. Só nos resta imaginá-la, mesmo quando permanecemos aí neutros e inertes.

Levaremos muito tempo, arrastados por essa força ou loucos para controlá-la – sem ter aceitado ainda a grandeza que viria de sua partilha –, para reconhecê-la, enfim, como novidade do mundo, que não se anuncia como novidade.

Chamamos de Relação a expressão dessa força, que também é sua maneira: o que se faz do mundo e o que dele se exprime.

---

* A ideia dessa energia provoca a zombaria: "a Força" é o *leitmotiv*, metafísico-faroestiano, de uma sequência cinematográfica muito conhecida.

2 |

Se nos perguntarmos o que a Relação põe em jogo, chegamos àquilo que não pode ser decomposto em elementos primeiros. Temos dificuldade em abordar o jogo em sua totalidade, tanto pelos elementos postos em relação quanto pelo modo de transmissão, que está evoluindo o tempo todo.

Tranquilizamo-nos com essa ideia demasiado vaga: que a Relação diversifica as humanidades conforme séries infinitas de modelos, infinitamente postas em contato e transmitidas. Esse ponto de partida não permite esboçar nem mesmo uma tipologia desses contatos, nem as interações assim desencadeadas. Seu único mérito é propor que a Relação tem origem nesses contatos e não em si mesma; que ela não visa o ser, a entidade suficiente que encontraria seu princípio em si mesma.

A Relação é um produto, que, por sua vez, também produz. O que ela produz não é do ser. É por isso que arriscamos aqui, sem, talvez, muita redução antropomórfica, individuá-la como sistema, a fim de nos referirmos a ela de modo nominal.

(Mas se tentássemos abordar a evidência mesma do ser, estaríamos adotando o viés de não considerar nenhum questionamento possível – pois o ser não sofre quando a interação lhe é proposta. O ser basta-se, enquanto qualquer questão é interativa.)

Não existem elementos primeiros na Relação. Qualquer elemento primeiro evocaria a sombra do ser. Na ausência de critérios redutores, as realidades inapreensíveis das culturas humanas serviram aqui como constituintes, ingredientes, sem que seja possível afirmar que elas são primordiais. Terminamos considerando as culturas, sob um ângulo nacional, étnico, genérico (civilizacional), como dados "naturais" do movimento de interação que ordena ou espalha nosso mundo a ser partilhado.

Essa consideração das culturas generalizou-se pelo próprio jogo da Relação. É a janela pela qual nós nos vemos reagir juntos. Antes de ser pensada como o que nos anima em comunidade, a cultura evoca o que nos separa de toda alteridade. É um discriminante, sem discriminação ostensiva. Ela especifica sem colocar de lado. É por isso que as culturas são consideradas como elementos naturais da Relação, sem realmente nomeá-la, e sem que ela constitua, para isso, elementos primeiros, cuja interação pudesse ser calmamente decomponível.

3 |

Evocar valores comparados das culturas seria insistir que os valores culturais são estáveis e percebidos como tais.

O contato das culturas infere, porém, uma relação de incerteza, na percepção que temos delas, ou na vivência que pressentimos delas. O simples fato de refleti-las em conjunto, numa perspectiva planetária, inflecte a natureza e a "projeção" de toda cultura específica em questão. Daí resultam as mutações decisivas na qualidade das relações, cujas extraordinárias consequências são assim quase sempre "vividas" muito antes que o fundo mesmo da mudança fosse percebido pela consciência coletiva.

Por exemplo, a tradicional e tranquila crença na superioridade das línguas escritas sobre as línguas orais passou a ser contestada há muito tempo. A escrita não é mais, nem parece ser, garantia de transcendência. A primeira consequência disso foi um apetite generalizado pelas obras de folclore, às vezes exageradamente consideradas portadoras de verdade ou de autenticidade; mas, em seguida, um esforço dramático da maior parte das línguas orais para se fixar, ou melhor, para juntar-se à escrita, bem quando esta perdia seu absoluto. A base da mudança deve-se à relação oral-escrita; a primeira e espetacular consequência, que não indicava claramente esse jogo, foi a reaparição dos folclores.

Uma das escalas menos refutadas de "civilização", a capacidade tecnológica, fundada no domínio das ciências e no controle dos fatores econômicos, encontra-se agora marcada pelo sinal de um negativo (as catástrofes do feiticeiro aprendiz), e as reivindicações ecológicas (também elas formadas por preocupações genéricas da ciência da ecologia) constituem seu eco não contínuo, mas muito mais estrondoso.

As culturas evoluem em um espaço planetário e em "tempos" diferentes, dos quais não seria possível regular a verdadeira ordem cronológica nem uma indubitável ordem hierárquica.

Uma das resultantes da atual aculturação é a inquietude generalizada que adensa a preocupação com um futuro a ser meditado junto; o que, em todo lugar, se traduz na necessidade de prospectiva. Nenhuma cultura específica anterior à contemporaneidade foi assombrada a esse ponto pelo futuro. A paixão pela astrologia, pelas previsões ou profecias, de origem assíria ou babilônica, cuja época de ativa propagação talvez tenha sido a Idade Média europeia, provinha mais de um pensamento sintetizante ou mágico do que da preocupação em de fato preservar o futuro. O mesmo vale para os maias e os astecas, ou para a China antiga. A noção de progresso, tão cantada por Victor Hugo, tampouco ensejava motivos de antecipação. Hoje, a prospectiva é uma obsessão que tende a se constituir como ciência. Mas suas eventuais leis seriam impactadas pelo mesmo princípio de incerteza que rege a mestiçagem das culturas.

A aventura planetária não nos deixa adivinhar de onde virão as soluções para os problemas nascidos do contato precipitado das culturas. É por isso que não podemos hierarquizar os "tempos" distintos que se empilham nesse espaço global. Não está dado que o tempo tecnológico "triunfará", ali onde tempos etnotécnicos, ainda não determinados por culturas hoje ameaçadas, iriam fracassar. Não está dado que o tempo da História leva a confluências mais rápidas ou seguras do que os tempos difratados em que as histórias dos povos se espalham e se chamam.

Nessa problemática, ninguém sabe como as culturas irão reagir umas às outras, nem quais de seus elementos serão predominantes ou considerados como tais, para além das determinações do poder e da dominação. Nesse sentido-pleno, todas as culturas são iguais na Relação. E todas em conjunto não poderiam ser consideradas elementos primeiros dele.

4 |

Em "contato precipitado", as culturas movem-se para seus limites indefiníveis. Podemos mantê-las seguras, isolá-las, "criá-las" por definição? Podemos protegê-las das recaídas (pressão ou dominação) das quais elas seriam o cenário? A tendência, atestada pela prova das situações, em diferenciar o Norte do Sul, países industrializados de países em vias de pobreza absoluta, mal esconde o desprezo que os primeiros têm pelos segundos, ou o ganho impiedoso e consensual que mantém e exacerba as distâncias, tampouco, infelizmente, a incapacidade dos países pobres em avançar por

POÉTICA DA RELAÇÃO > *193*

conta própria ou pelo esforço decisivo de seus governantes, fora dessa zona sombria da privação. Mas essa distinção, que valida um estado de fato, não permite isolar-lhe completamente o sentido-pleno. Como se a constatação, o estado de fato, obedecendo a leis subterrâneas, seguindo seu caminho fixo, gerasse à sua volta um novo tipo de indiferença, que, na verdade, não é nem egoísmo nem pura bobagem, e ainda menos ignorância ou falta de coragem. Formas erodidas ou padronizadas de sensibilidade então se espalham, mas nos dois lados da demasiado visível linha divisória.

Esses são os dados a que se deveria acomodar a consciência mundial em formação, que desacultura em cheio, confrontada ao magma indecifrável.

Pseudolinhas de força são profetizadas, como tantos traços iluminantes demais, dentro desse turbilhão. A consciência planetária, subterraneamente manipulada por quem tira proveito dela, constrói-se de barreiras. Por exemplo, ao confundir Estado e cultura, amplia-se a ideia de que haveria Estados de direito (as democracias), para as fileiras dos quais o progresso levará mais tarde os Estados de fato, apontados como os lugares atuais da tirania e da violência bruta. Uma mentira singular, a de juntar o político e o cultural. A violência, que decidiu o surgimento das comunidades humanas, hoje gerencia a difícil busca por um equilíbrio de suas relações. A questão não deveria se basear na transformação progressiva dos Estados de fato em Estados de direito, mas no trabalho para que ao Estado de direito correspondesse em toda parte um Estado de fato.

O que é realmente de direito é uma cultura justaposta a outras, permeável e decisora. Uma cultura é o que permanece quando os Estados passaram, ou o que necessariamente os precede. As culturas compartilham-se, quando os Estados se enfrentaram. Apreendem-se os limites – as fronteiras – de um Estado, mas não os de uma cultura.

As pseudolinhas de força escondem, ao mesmo tempo que autorizam, as verdadeiras, cuja enunciação provoca na consciência uma reação inaudita de rejeição. Esforçar-se em detalhar o que se formaria na consciência planetária é abordar uma das dimensões da Relação sem nunca ser capaz de lhe definir os traços – porque as reações de rejeição, ensurdecidas e difíceis de serem analisadas, são tão decisivas nesse assunto quanto os consentimentos públicos generalizados. Esse aparelhamento da rejeição é ainda mais efetivo na medida em que as pseudolinhas de força impõem-se em outros lugares pelas múltiplas explosões das modas, que dão a ilusão de uma novidade fértil. A precipitada sucessão das modas, avatar e delusão da paixão pelo novo, propõe-se como única garantia de um movimento ao real. Aparentemente, ela converte em obsolescência qualquer tentativa paciente de imaginar a Relação. Pareceria então que viver a Relação, mesmo que de forma caricatural, abusiva ou superficial, consumida ou delirante, seria suficiente para mantê-la. E que tentar tratá-la de forma contundente revelaria uma afetação pedante, completamente estranha à sua matéria exacerbada.

O que chamamos atualidade não é em parte nada mais do que essa fugacidade das modas, levada a um extremo grau de exasperação por uma infinidade de agentes de brilho intenso.[*]

---

[*] O autor faz referência a um produto de limpeza (*agent d'éclat*) que tem ação alvejante, de branqueamento, da qual se pode inferir também um rasto das formas concretas ou simbólicas do branqueamento das populações negras dos países colonizados. (N.T.)

O que é um agente de brilho? Para abordar a questão, devemos primeiro analisar as modalidades seculares da interação das culturas, cada vez que elas estiveram em contato. Não somente o sentido de seus comportamentos atrativos ou repulsivos, mas o jogo a cada vez modificado de suas estruturas internas – o feixe de similaridade ou de osmose, de rejeição ou de renaturação, que se ligava, se manifestava, se anulava, pela ação do que poderia ter sido chamado de agentes de transmissão. Esses agentes de transmissão precisaram anteriormente (e por convenção) de uma relativa obscuridade, assim como de um tempo de latência para a percepção dos resultados de sua ação – para que realmente atuassem. O agente de transmissão era ativo porque, antes de tudo, passava despercebido.

Os agentes de brilho são, hoje, agentes de transmissão que entraram em acorde com a violência implícita dos contatos entre as culturas e com a velocidade fulgurante das técnicas da relação. Eles precipitam a consciência na certeza abrupta de que ela tem as chaves evidentes da interação ou, na maioria das vezes, na garantia de que não precisa delas. Eles regem esses dois avatares modernos da inter-relação: a moda e o lugar comum.

Se essas chaves casualistas (da moda e do lugar comum) parecem-nos tão evidentes é porque os agentes de brilho nos impressionam principalmente pela imediaticidade (a pura pressão) de suas técnicas de comunicação. Nesse caso, sua ação é autossuficiente; não existe ideologia declarada da comunicação. Aqueles que a controlam no mundo nem mesmo precisam justificar esse controle. Eles o sancionam simplesmente pelo mero fato de que a comunicação está o tempo todo fluindo: essa é sua "liberdade", legitimada por sua atualidade, ou seja, sua fugacidade.

Agentes de transmissão, hoje transformados em agentes de brilho, tendem a rejeitar assim na inoperância essas duas noções antes capitais: a de estrutura e a de ideologia. A mutação da transmissão em brilho atinge o ponto fraco dessas noções: suas generalizações excessivamente baseadas no espaço e no tempo. A ideia da estrutura, assim como a ideia da ideologia, também precisava de um tempo de latência para esclarecer sua matéria. A precipitação dos tempos presentes oferece-lhes um desafio. A moda deporta totalmente a análise inferida pela ideologia, o lugar comum dispersa a intenção preservada no pensamento da estrutura – pelo menos é isso o que pretendem selvagemente.

RELIGADO (RETRANSMITIDO), RELATADO

Não se pode dizer que toda cultura particular constitua um elemento primeiro entre todos aqueles envolvidos na Relação, porque esta define os elementos assim dispostos ao mesmo tempo que os comove (os muda); tampouco se pode afirmar que cada cultura particular é unicamente conhecida em sua particularidade, pois não discernimos seu limite próprio na Relação.

Cada cultura particular é motivada pelo conhecimento de sua particularidade, mas esse conhecimento não tem fronteiras. Do mesmo modo, não se pode decompor cada cultura particular em elementos primeiros, pois seu limite é indefinido e a Relação atua ao mesmo tempo nessa relação interna (de cada cultura com seus componentes) e nessa relação externa (dessa cultura com outras que lhe interessam).

A definição da relação interna é infinita, ou seja, também irreconhecível, pois os constituintes de uma cultura, ainda que sejam identificados, não podem ser levados à indivisibilidade dos elementos primeiros. Mas essa definição é operatória. Ela nos permite imaginar.

A definição da relação externa também pode ser analisada infinitamente, pois cada cultura particular, por não ser formada simplesmente por elementos primeiros – indivisíveis –, não pode ser considerada, por sua vez, como um elemento primeiro na Relação. Dessa forma, voltamos a nossas proposições iniciais, completando o círculo – a ronda – de nosso espaço-tempo. Paradoxalmente, qualquer avanço em direção à definição dessa relação externa (entre culturas) permite-nos melhor abordar os constituintes de cada uma das culturas particulares em questão.

A análise ajuda-nos a imaginar melhor; o imaginário, a apreender melhor os elementos (não primeiros) de nossa totalidade.

As ciências humanas, da antropologia à sociologia, estudaram, caso por caso e de sociedade em sociedade, esses componentes estruturais e essas relações dinâmicas. Nenhuma delas concebe o conjunto dos ritmos, que é inacessível sem seu trabalho.

Levando esses dois movimentos (de uma relação interna e de uma relação externa) a pressupostos do pensamento, supõem-se que o que determina o primeiro seria semelhante a uma fisicalidade do sendo (*l'étant*), enquanto o caminho do segundo seria equivalente a uma aproximação do ser (*l'être*).

A transmissão interna seria massiva, estritamente operatória, enquanto a relação externa seria evasiva (dilatada), demasiadamente precipitada, em todo caso, para que pudéssemos apreender-lhe as regras operacionais no momento em que se aplicam.

Nós evitaremos sugerir que, por parábola, o sendo (*l'étant*) seria massivo, o ser, volátil, ou que uma massa variável de sendo (*d'étant*) representaria, por oposição, a infinidade do ser. Seria melhor abandonar essa suposição do ser e do sendo: renunciar à máxima fecunda segundo a qual o ser é relação, para considerar que apenas a Relação é relação.

Mas a Relação não se confunde nem com as culturas das quais falamos nem com a economia de suas relações internas, nem com a projeção de suas relações externas nem mesmo com esses inapreensíveis que nascem do intrincamento de todas as relações internas com todas as relações externas possíveis. Tampouco se confunde com o maravilhoso acidente que sobreviria fora de qualquer relação, conhecido desconhecido, do qual o acaso seria o ímã. Ela é tudo isso ao mesmo tempo.

A gênese de uma cultura particular poderia ser apreendida e sua particularidade, abordada, sem que precisássemos defini-las. A gênese da Relação não pode ser abordada, ali onde sua definição o pode, mas decidida, ou pelo menos imaginada.

Se desconsiderássemos a intensidade da particularidade de uma cultura, se pretendêssemos negar o valor particular de qualquer cultura, em nome, por exemplo, de uma universalidade do Todo, suporíamos ou que a Relação encontra seu princípio em si mesma (ela seria o universal em si e nada além disso) ou que ela retransmite elementos relacionados, que se referenciariam mutuamente, conduzindo, assim, não à totalidade, mas ao totalitário.

O totalitário instaura-se como relação a partir de um elemento não primeiro (a violência, por exemplo, ou a raça) cuja definição é sobredeterminada, mas cujo conhecimento encontra limites. Essa relação totalitária é, por sua vez, acessível, mas sua definição não pode ser imaginada. Pois não se pode imaginar uma relação, aberta, entre elementos cujo conhecimento encontra fronteiras. A totalidade, por outro lado, assim como a Relação, não é acessada, mas sua definição pode ser imaginada.

A diferença entre Relação e totalidade vem daquilo que a Relação atua em si mesma, ali onde a totalidade, em seu próprio conceito, é ameaçada pelo imobilismo. A Relação é totalidade aberta, a totalidade seria relação em repouso. A totalidade é virtual. Mas apenas o repouso – em si mesmo – poderia ser válido ou completamente virtual. Ora, o movimento é esse aí que se realiza completamente. A Relação é movimento.

Não apenas ela não funda seus princípios a partir de si mesma (mas com e pelos elementos cuja relação ela conduz), mas também é preciso dizer que seus princípios mudam à medida que os elementos atuantes definem (encarnam) novas relações, e as mudam.

Devemos repetir, caoticamente: a Relação não retransmite nem religa aferentes, assimiláveis ou aparentes em seu único princípio, pela razão que ela sempre os diferencia e os desvia do totalitário – pois sua obra está sempre mudando cada um dos elementos que a compõem e, consequentemente, a relação que nasce deles e que os muda novamente.

2 |

A Relação, como já observamos, não atua sobre elementos primeiros, separáveis ou redutíveis – nesse caso, ela teria sido levada a uma mecânica suscetível de ser desmontada ou reproduzida. Ela não se precede em seu ato, e não se supõe nenhum *a priori*. Ela é o esforço ilimitado do mundo: que ele se realize em totalidade, ou seja, que escape do repouso. Não se entra, a princípio, em Relação, como se entraria na religião. Não se a concebe a princípio, como se quis conceber o ser.

3 |

O que faz com que o conhecimento de cada cultura não tenha limites é o mesmo que nos permite imaginar a interação das culturas ao infinito, sem acercá-lo. Magma em profusão, que tende a evacuar todo pensamento de ideologia, considerado inaplicável a um tal amálgama. As pulsões coletivas levam na verdade ao utilitário literal (o peso reconfortante dos resultados concretos, elevados à dignidade de valor) ou ao providencial ideal (a decisão reconfortante de uma causa ou de um herói que decidem por você, em seu lugar). O literal e o ideal dão-se bem.

Assim rejeitado, o pensamento ideológico (a necessidade de analisar, de compreender, de transformar) inventa-se em novas formas, brinca com a profusão: ele se projeta na prospectiva que, ela também, não tem limites; ele tenta, por exemplo, a síntese das aplicações prováveis das ciências: o que lentamente leva às teorias da modelização. Os modelos pretendem fundar em relações a matéria da Relação, ou seja, surpreender-lhe o movimento, que eles traduziriam em termos de estruturas dinâmicas, ou dinamizadas.

O pensamento da ideologia e o pensamento da estrutura conjuntam-se assim, contra a ação diluente do amálgama, protestações de modelos. A modelização é uma tentativa (generalizante) de superar a fugaz atualidade da moda e a evidência falsamente definitiva do lugar-comum.

4 |

A Relação religa (retransmite), relata. Dominação e resistência, osmose e encerramento, consentimento de linguagem e defesa das línguas. Sua totalização não produz um procedimento nítido nem certamente perceptível. Religado (retransmitido), relatado não se combinam de forma conclusiva. Sua mistura em desaparência (ou profundidade) não é marcada, na superfície, por uma revelação. A poética da Relação faz vibrar essa revelação, por solicitar o imaginário. O que melhor se sobressai da Relação é o que nela pressentimos.

Da mesma forma, cada vez que dela tentamos fazer uma análise, o que, por sua vez e por si só, já é um elemento de relação, parece inútil acordar qualquer nova proposição com uma sequência de exemplos conclusivos. O exemplo corresponde apenas a um elemento de uma multiplicidade cujas partes se combinam e se repelem em vários campos simultaneamente. Eleger um exemplo (torná-lo evidente, usá-lo como demonstração) também é privilegiar indevidamente um desses campos: perceber mal a relação na Relação.

O acúmulo dos exemplos nos tranquiliza, mas à margem de qualquer pretensão sistemática. A Relação não pode ser "provada", pois sua totalidade não é aproximável – e sim imaginada, possibilitada pela transposição do pensamento. O acúmulo de exemplos tenderia a aperfeiçoar uma descrição para sempre incompleta dos processos de relação e não a circunscrever ou legitimar uma verdade global, impossível. Nesse sentido, a análise mais afinada é aquela que desenha poeticamente o voo ou o mergulho. A descrição não prova, ela simplesmente acrescenta à Relação enquanto esta é síntese-gênese nunca concluída.

5

As culturas concordam na precipitação histórica (a confluência das histórias), que passou a ser lugar-comum. As enormes praias temporais (voltemos a elas), que outrora possibilitavam ir juntando sedimentações lentas e profundas, não são mais apropriadas. Elas autorizavam contatos ocultos, e também decisivos, dos quais a qualidade de inter--relação não podia ser instantaneamente suspeita ou avaliada; ainda que a precipitação hoje nos distraia e dissipe aos nossos olhos os feixes de casualidade cujo mecanismo poderíamos surpreender. As resultantes do contato desatento impunham-se à maneira de elementos originais, como se tivessem sido provocadas unicamente pelo movimento interno de uma cultura particular, movimento infinito, que não pode ser definido.

A precipitação é há muito tempo cadenciada pelos países industrializados que definem seu ritmo e direção, pelo controle que exercem sobre os modos da potência e os meios de comunicação. A situação mundial "compreende" culturas que se esgotam nessa velocidade e outras que se afundam em separado. Estas últimas são mantidas em estado de receptividade passiva, pesada, em que as fantasias de desenvolvimento espetacular e de consumo massivo permanecem fantasias.

Um princípio importante do processo de interação é que as linhas de força podem ser sinalizadas sem que esse sinal produza efeito. Os atuais agentes de brilho (rádios, jornais, televisões, filmes e seus derivados) deixaram há muito tempo de ser capazes de tais efeitos, mas isso porque irradiam seus próprios brilhos alvos, que não passam de reflexos de linhas de força despercebidas. É bem possível aliás que esse fosse o caminho mais curto para identificar – não pela reflexão, mas por esse tipo de provocação difratada que é a marca desses agentes – as linhas de força que se teriam assim desviado.

O que parece ser uma regressão ao infinito (o acúmulo de lugares-comuns publicamente compartilhados em comum e celebrados em rituais fugazes) suporta, assim, a barbárie suposta da moda, mas desenha, simultaneamente, a profundidade em movimento da Relação. A eventualidade da influência de um grupo de indivíduos ou de obras que seriam de uma "elite" não pode mais ser encontrada ali, a não ser no estado limitado de uma especialização, técnica ou científica, tacitamente reconhecida sem verificação. A comprovação pela elite deixou de ser considerada. A imensa divagação que a substituiu não deixa nenhum tempo de recuo nem de re-tomada.

Tal análise, que parte do local em que os agentes de brilho são gerados (em suma, os países industrializados), vale absolutamente para aqueles que estão sujeitos a sua imposição (em suma, os países em vias de pobreza absoluta).

Podemos continuar localizando sem cessar os lugares-comuns que repercutem na Relação: retomadas de uma ideia por meio de vários campos que, a princípio, são heterogêneos; repetições (caricaturais, elementares, mas instantaneamente triunfantes) pelos agentes de brilho de um dado de reflexão que, aliás, se afundou na ausência, porque era reflexão, ou seja, profundeza suspeita; montagens barrocas de linhas de força que se redobram em espaços inesperados etc.

O lugar-comum, que definimos como a manifestação, por um agente de brilho, de uma linha de força latente ou insuspeita, adquire por isso e de imediato uma potência neutra, cuja repercussão é espetáculo e fuga. A própria noção de moda é superada nessa velocidade. Trata-se de uma sequência de ebriedades da qual nenhuma moda asseguraria o sentido. Os lugares-comuns são as partículas efêmeras em divagação nesse nódulo frio que é a comunicação: todas as ideias estão no ar, mas o que mais importa é a manifestação pública e se possível exagerada ou simplificada. (O lugar-comum é assim, com esse hífen entre os dois termos que o articulam, que o constituem, o avatar espetacular dessa necessidade poética, aberta e misteriosa que é o lugar comum.[1]) Então é público o que a princípio é espetacular. A conclusão sobressai-se, imediata: as culturas à-parte,* que recebem essa manifestação do espetacular, mas não a geram, não têm pensamento que conte.

Uma cultura particular pode fingir funcionar em um afastamento (pois estaria cortada dos traços de transmissão, ou porque ela não disporia de agentes de brilho, ou porque ela teria escolhido desprezar esses traços, ao agenciar seus próprios brilhos), mas ela não deixa de interferir – pois não se pode de outra forma – como transmissão ativa da Relação.

A ação transmissora das culturas não depende da vontade nem mesmo do poder de transmitir. As consequências da sucessão das transmissões ultrapassam a ocasião da primeira transmissão, ou da transmissão primeira, que se pretendia fundadora. Essa pretensão revela sua insuficiência quando a série se interrompe ou acontece em outro campo ou em outro ciclo. É por isso que a Relação, que é novidade do mundo, precipita todas as modas possíveis em sua própria velocidade. Ao contrário da procissão destas, ela não se dá como novidade: ela o é indistintamente.

6 |

Qualquer presença – mesmo ignorada – de uma cultura particular, mesmo silenciosa, é uma transmissão ativa na Relação. Existiriam transmissões passivas? Certamente não, mas em todo caso, transmissões neutras. É transmissão neutra esse fator que se consome em seu próprio fulgor: intervenção de um Estado sobre o território de outro, geno-

---

* O à-parte não é o antigo periférico: ele remete a uma dependência de fato, não mais de direito.

cídio, triunfo universal de um modo de vida, generalização de um produto padronizado, ajuda humanitária, instituição internacional, troca comercial de grande ou pequena escala, manifestação ritual de encontros esportivos, grande onda planetária da música de comoção... São esses, na verdade, agentes diretos, mas cuja transmissão não é diretamente notada, na medida em que o espetacular do agente ofusca o contínuo de seu efeito, o mascara, pelo próprio agenciamento de seu espetáculo. A difícil percepção dos efeitos da interação é o que permite diferenciar os agentes neutros dos ativos. Uma presença cultural pode ser ativa e ignorada; uma intervenção, ao contrário, pode ser espetacular e neutra. Neutro aqui não é o ineficaz, mas o que está escondido sob o espetáculo. O ativo não é preponderante, ele age no contínuo.

Os agentes de brilho transformam em transmissão neutra (neutralizado no brilho de suas provas evidentes) aquilo mesmo que outrora funcionava como transmissão ativa, não imediatamente percebido, mas há muito tempo dinamizado por agentes de transmissão.

Sabemos agora o que são hoje esses agentes de transmissão: são os ecos-mundo, que trabalham na matéria da Relação. E podemos circunscrever, em sentido inverso, a maneira dos agentes de brilho: são reflexos literais dessa matéria, que manifestam sua violência sem iluminá-la, movê-la ou modificá-la.

Para aqueles que quereriam intervir nos modos da Relação (orientá-los, equilibrá-los, talvez modificá-los), sua ação passará a ser incerta por essa indeterminação das transmissões ativas e das transmissões neutras. É por isso que uma intervenção como essa "na Relação" só pode ser realmente feita "em um lugar", ao mesmo tempo fechada em seus componentes e aberta em seus retornos de eco. Não se pode desenvolver uma estratégia generalizável da ação na Relação. A ideologia multiplicou as tentativas "reguladas" para ultrapassar esse limite teimoso, justamente pela generalização: papel final do proletariado, revolução permanente, missão civilizadora de uma nação, defesa universal da liberdade, ou, ainda, cruzada anticomunista (da qual o pretexto é preciso esperar que logo venha a faltar aos opressores de todo e qualquer tipo) etc. Essas tentativas de tomada ou de ação globais tropeçam sempre nas singularidades da Relação. Ela é universal apenas pela quantidade absoluta e definida de suas particularidades.*

Faz parte da natureza dos agentes de brilho manter a distância, aprofundar o afastamento entre culturas aflorantes e culturas de intervenção (eis uma das formas "desreguladas" do universal generalizante). Eles esgotam o pensamento no aparato de sua delusão. Eles a distraem em direção à certeza de que seu "fim" é aperfeiçoar aquilo mesmo que reforça apenas sua emergência de agentes de brilho e mantém sua potência ao mesmo tempo lógica e desnaturante. Eles precisam da distância (entre países entregadores e países receptores) para manter sua linha.**

Seria utópico supor que as culturas que não manipulam os agentes de brilho encontrariam, em compensação, algum

---

* As ações realmente generalizadas estão escondidas, sem identificação: as das multinacionais e as das conspirações de poder.

** Parece que à antiga divisão entre descobridores e descobertos corresponde rigorosamente uma atual divisão entre países produtores e países receptores, com exceção do Japão. Mas devemos repetir que essa divisão não é mais de direito, ela consagra uma dominação de fato, não fundada sobre um privilégio de conhecimento nem sobre uma reivindicação absoluta.

tipo de recompensa ao avesso em um aprofundamento lento e equilibrado de seus valores. Se é verdade que não saberíamos adivinhar "de onde surgirão as soluções reais", seria também presunçoso simplesmente confiar em um tipo de justiça do devir. Uma etnotécnica, por exemplo (a adequação das necessidades e dos meios em um dado lugar), não terá aparato "natural" suficiente para se impor: seus agentes são neutros, impotentes, seu fim se esgota, desgasta-se com o tempo, na difração cintilante dos agentes de brilho. Não há como fugir da precipitação histórica, nem mesmo mantendo-se, por força ou inclinação, à distância de seus arrastões.

V

POÉTICA

*O sendo, múltiplo infinito
em sua substância*

GENERALIZAÇÃO:

Reconhecer, imaginar, a Relação.

Mais uma iniciativa, e quanto disfarçada, de generalização universalizante?

Fuga, avante dos problemas?

Nenhum imaginário ajuda realmente a prevenir a miséria, a enfrentar as opressões, a apoiar os que "suportam" em seus corpos ou espírito. Mas o imaginário modifica as mentalidades, ainda que lentamente.

Onde quer que estejamos, e qualquer que seja a força da errância, sentimos crescer o desejo de "dar com", de surpreender a ordem no caos ou ao menos adivinhar-lhe a improvável motivação: a de desenvolver essa teoria que escaparia das generalizações.

O que é a poética? Precisamente esse duplo alcance, de uma teoria que se dedica a concluir, de uma presença que não conclui (nem presume) nada. E nunca uma sem a outra. É assim que o instante e a duração nos confortam.

Toda poética é um paliativo de eternidade.

O QUE SENDO O QUE NÃO É

1 |

"O Ser é relação": mas a Relação está salva da ideia do ser.

A ideia de relação não delimita a Relação, nem convém fora dela.

A ideia de relação não preexiste (à Relação).

Aquele que pensa a Relação pensa por meio dela, assim como aquele que se lhe considera alheio.

A Relação contamina, suaviza, como princípio, ou como pó de flor.

A Relação selvageriza, espreitando a equivalência.

O que preexistiria (à Relação) é vazio do ser-como-ser.

O ser-como-ser não é opaco, mas suficiente.

A relação esforça-se e enuncia-se na opacidade. Ela difere a suficiência.

Aquilo que pretende preexistir-lhe é insuficiente, ou seja, suficiência para si.

O ser-como-ser é suficiência para si.

Para o qual é eco da ideia do ser.

A Relação não afirma o ser, a não ser para distrair.

É também que toda afirmação é limite, dada na Relação.

Pois esta não se altera por nenhuma regressão nem a oblitera. Sua paciência vai mais longe que mar e profundezas.

Assim é ela uma ideia do ser, mas que parte do ser-como-ser e confronta a presença.

2 |

O sendo (*étant*) permanece, ao passo que o ser (*être*) se dissipa.

A Relação, que parte do ser, afirma o sujeito.

O sujeito é em si mesmo uma profusão de conhecimento.

É por isso que a Relação desmonta também o pensamento do não-ser.

É por isso que ela não é: (de) ser, mas: – (de) sendo*

O não-ser só seria fora da Relação.

---

* No original, "elle n'est pas: de l'être, mais: - de l'étant". O uso da preposição "*de*", no francês, expressa a pertinência a um elemento não quantificável, parte de uma substância indivisível, como quando dizemos: "*du pain*", "*du vin*", "*de l'être*", "*de l'étant*" ("pão", "vinho", "ser", "ser-sendo"). (N.T.)

ÉDOUARD GLISSANT > *216*

O não-ser não precede a Relação: esta não se enuncia a partir de nenhum corte.

O não-ser da Relação seria sua consumação impossível.

3 |

O sendo, que subsiste e se oferece, não é apenas a substância que bastaria a si mesma.

O sendo aventura o ser do mundo, ou ser-terra.

O ser do mundo realiza o ser: – no sendo.

O ser do mundo é não separável do ser do universo, e o que se imagina em suspensão nesse todo. Essa suspensão não é espacial a princípio.

O ser do mundo é total e limitado. Sua imaginação varia, seu conhecimento flui.

A Relação é conhecimento em movimento do sendo, que arrisca o ser do mundo.

A Relação tende rumo ao ser do universo, por consentimento ou violência. Essa tensão não é espacial a princípio.

Não vá conceber, do ser do mundo nem do ser do universo – que eles são (de) ser, nem que a ele se ajustam.

Depende da Relação que o conhecimento em movimento do ser do universo seja consentido por osmose, não por violência.

POÉTICA DA RELAÇÃO > *217*

A Relação compreende a violência, marca-lhe a distância.

Ela é passagem, não espacial a princípio, que se dá para passagem e confronta o imaginário.

PARA A OPACIDADE

Quando eu apresentava a proposição: "Reclamamos o direito à opacidade", ou argumentava em seu favor, há alguns poucos anos, meus interlocutores exclamaram: "Isso é uma volta à barbárie! Como comunicar com o que não entenderíamos?" Mas a mesma reivindicação, formulada em 1989 para públicos muito distintos, suscitou novo interesse. Nesse meio-tempo, exauriu-se, pelo que parece, a atualidade da questão das diferenças (do direito à diferença).

A teoria da diferença é preciosa. Ela permitiu lutar contra as reduções provocadas, na genética, por exemplo, pela presunção da excelência ou da superioridade de raça. Albert Jacquard* desmontou os mecanismos dessa barbárie e mostrou como era derrisória sua pretensão a um fundamento "científico". (Chamo barbárie a inversão e a exasperação de si, tão inconcebíveis quanto suas consequências de crueldade.) Ela também permitiu receber, senão a existência, pelo menos o reconhecimento em direito das minorias que se dispersam na totalidade do mundo, e de defender suas condições. (Chamo "direito" o escape para longe das legitimidades, silenciosa ou resolutamente ancoradas na posse e na conquista.)

Mas a própria diferença ainda pode maquinar uma redução ao Transparente.

Se examinarmos o processo da "compreensão" dos seres e das ideias sob a perspectiva do pensamento ocidental, encontraremos em seu princípio a exigência por essa transparência. Para poder te "compreender" e, portanto, te aceitar,

---

* Albert Jacquard, *Éloge de la différence*, Paris: Éditions du Seuil, 1978.

POÉTICA DA RELAÇÃO > *219*

devo reduzir tua densidade a essa escala ideal que me fornece fundamentos para comparações e, talvez, para julgamentos. Preciso reduzir.

Aceitar as diferenças é, evidentemente, perturbar a hierarquia da escala. Eu "compreendo" sua diferença, isso quer dizer que a ponho em relação, sem hierarquizar, com minha norma. Eu admito sua existência, no meu sistema. Eu crio você novamente. – Mas talvez devamos acabar com a própria ideia da escala. Comutar toda redução.

Não apenas consentir com o direito à diferença, mas, antes, com o direito à opacidade, que não é o encerramento em uma autarquia impenetrável, e sim a subsistência em uma singularidade não redutível. Opacidades podem coexistir, confluir, tramando tecidos cuja verdadeira compreensão estaria na textura dessa trama, e não na natureza dos componentes. Talvez por um tempo, devêssemos renunciar a essa antiga obsessão em chegar ao fundo das naturezas. Haveria grandeza e generosidade em inaugurar um movimento como esse, cujo referente não seria a Humanidade, mas a divergência exultante das humanidades. Pensamento de si e pensamento do outro tornam-se obsoletos nessa dualidade. Todo Outro é um cidadão, não mais um bárbaro. O que está aqui está aberto, tanto quanto esse ali. Eu não saberia projetar de um para o outro. O aqui-ali é a trama, e ela não trama fronteiras. O direito à opacidade não estabeleceria o autismo, mas fundaria realmente a Relação, em liberdades.

Dizem-me então: "Você que amontoa com tanta tranquilidade suas poéticas nessas crateras de opacidade, você que pretende superar de modo tão sereno o prodigioso trabalho de elucidação realizado pelo Ocidente, eis que você fala sobre o Ocidente desde os confins de seu pequeno campo". – "Mas do que vocês querem que eu fale para começo de conversa, senão sobre essa transparência que pretendeu nos reduzir? Porque se eu não for por aí, vocês logo me verão consumido pelo falatório amuado de uma recusa infantil, convulsiva e impotente. Começo por aí. Do que disser respeito à minha identidade cuido eu." É mesmo preciso dialogar com o Ocidente, que aliás é contraditório por si mesmo (é esse argumento que costumam usar para discordar de mim, quando falo sobre as culturas do Um), e apor-lhe o discurso complementar de quem quer dar com. Você não vê que estamos implicados em seu devir?

Considere apenas a hipótese de uma Europa cristã, segura de seu Direito, reunida em sua universalidade recompósita, tendo então novamente convertido suas forças em um valor "universal" – triangulando com a potência tecnológica dos Estados Unidos e a soberania financeira do Japão –, e você terá uma ideia do silêncio e da indiferença que circundariam de nada, pelos próximos cinquenta anos (se pudermos quantificar dessa forma), os problemas, as dependências e os sofrimentos caóticos dos países do Sul.

Considere também que do próprio Ocidente vieram as variáveis que, a cada vez, contradizem seu itinerário impressionante. É o que faz com que ele não seja monolítico, e é por isso que ele certamente deva tomar a direção do emaranhamento. Resta saber se isso se dará pelo modo das participações ou pelo das antigas imposições. E mesmo que não alimentemos nenhuma ilusão quanto às realidades, fazer simplesmente a pergunta já é começar a mudar seus dados.

O opaco não é o obscuro, mas ele pode sê-lo e ser aceito como tal. Ele é o não reduzível, que é a mais viva das garantias de participação e de confluência. Encontramo-nos assim longe das opacidades do mito e do trágico, cujo obscuro trazia exclusão, e cuja transparência tendia a "compreender". No verbo compreender existe o movimento das mãos que pegam o entorno e o arrastam para si. Um gesto de encerramento, senão de apropriação. Preferimos-lhe o gesto do dar-com, que abre, finalmente, para a totalidade.

A essa altura, devo explicar-me a respeito dessa totalidade da qual tanto falo há tanto tempo. É a própria ideia de totalidade, assim como o pensamento ocidental tão bem a expressou, que está sendo ameaçada de imobilidade. Já dissemos que a Relação é totalidade aberta, em movimento sobre ela mesma. Ou seja, o que aproveitamos dessa ideia, tal como ela se forjou, é o princípio de unidade. O todo não é nela a finalidade das partes: pois a multiplicidade na totalidade é totalmente uma diversidade. Vamos repetir, opacamente: a simples ideia de totalidade é um obstáculo para a totalidade.

Já pronunciamos a força poética a qual acreditamos que irradia no lugar do conceito atraente de unidade: é a opacidade do diverso, que anima a transparência imaginada da Relação. O imaginário não conduz as exigências constrangentes da ideia. Ele prefigura o real, sem determiná-lo *a priori*.

O pensamento da opacidade me distrai das verdades absolutas, das quais eu pensava ser o depositário. Longe de me refugiar na inutilidade e na inatividade, ele relativiza em mim os possíveis de toda ação, fazendo-me sensível aos limites de todo método. Seria o caso de sacar o arco das ideias gerais? Seria o caso de se prender tenazmente ao concreto, à lei do fato, à precisão do detalhe? Seria o caso de sacrificar o que parece menos importante, em nome da eficácia? O pensamento da opacidade me reserva caminhos unívocos e escolhas irreversíveis.

Do que diz respeito à minha identidade cuido eu. Ou seja, não vou recalcá-la em nenhuma essência, atento também para não confundi-la em nenhum amálgama. Mas aceito que ela me seja em alguns cantos obscura sem mal-estar, surpreendente sem despossessão. Os comportamentos humanos são de natureza fractal; tomar consciência deles, recusar trazê-los à evidência da transparência, talvez seja contribuir para atenuar o peso que eles têm sobre todo indivíduo, quanto este começa a não "com-preender" suas próprias motivações, desmanchando-se dessa forma. A regra de ação (o que chamamos de ética, ou de ideal, ou simplesmente de relação lógica) ganharia – em evidência real – em não ser confundida na transparência preconcebida de modelos universais. A regra de toda ação, individual ou comunitária, ganharia em se aperfeiçoar na vivência da Relação. É a trama que diz a ética. Toda moral é utopia. Mas essa moral aqui só se tornaria utopia no caso em que a própria Relação tivesse sombreado numa absoluta desmesura do Caos. A aposta é a de que o Caos é ordem e desordem, desmesura sem absoluto, destino e devir.

Pude, portanto, conceber a opacidade do outro para mim, sem repreendê-lo por minha opacidade para ele. Não preciso "compreendê-lo" para me solidarizar com ele, para construir com ele, para amar o que ele faz. Não preciso tentar tornar-me o outro (adivinhar o outro) nem "fazê-lo" à minha imagem. Esses projetos de transmutações – sem metempsicose – são resultados das piores pretensões e das mais altas generosidades do Ocidente. Eles designam o destino de Victor Segalen.

A morte de Segalen não é apenas uma resultante fisiológica. Todos se lembram de sua confidência, em seus últimos dias, sobre o deixar-ir de seu corpo, do qual ele não podia nem diagnosticar o mal nem controlar a degradação. Com o progresso da medicina e com os sintomas reunidos, certamente descobriremos a causa de sua partida. E com certeza disseram, à sua volta, que ele morreu de um tipo de consumação generalizada. Mas eu acredito que ele tenha morrido pela opacidade do Outro, por sua impossibilidade de aperfeiçoar àquela altura a transmutação com a qual sonhava.

Marcado, como todo europeu de sua época, por uma dose não desprezível, ainda que inconsciente, de etnocentrismo – mas possuído, mais do que qualquer um de seus contemporâneos, dessa generosidade absoluta e incompleta que o impelia a se realizar alhures –, ele sofreu a maldita contradição. Não tendo como saber que a transferência em transparência ia de encontro a seu projeto, e que, ao contrário, o respeito das opacidades mútuas é que o teria realizado, ele se consumiu heroicamente no impossível de ser Outro. A morte é a resultante das opacidades, é por isso que sua ideia não nos abandona.

Que a opacidade funde um Direito, aliás, seria esse o sinal de que ela adentrou a dimensão do político. Essa é uma perspectiva terrível, menos perigosa, talvez, do que as errâncias para onde conduziram tantas certezas e tantas verdades, supostamente lúcidas. Essas garantias políticas seriam felizmente contidas em seus transbordamentos pelo sentimento, não da inutilidade de tudo, mas dos limites da verdade absoluta. Como desenhar esses limites sem verter-se no ceticismo ou cair na paralisia? Como conciliar a radicalidade inerente a toda política com o questionamento necessário para toda relação? Somente concebendo que é impossível reduzir quem quer que seja a uma verdade que ele não tenha gerado de si mesmo. Ou seja, na opacidade de seu tempo e de seu lugar. A pólis de Platão é para Platão, a visão de Hegel, para Hegel, a vila do griô, para o griô. Não é proibido vê-las em confluência, sem confundi-las em magna ou reduzi-las uma à outra. É também que essa mesma opacidade anima qualquer comunidade: aquilo que nos reuniria para todo o sempre, singularizando-nos para a eternidade. O consentimento geral às opacidades particulares é o mais simples equivalente da não barbárie.

Reclamamos para todos o direito à opacidade.

CÍRCULO ABERTO, RELAÇÃO VIVIDA

Chega o tempo em que a Relação não se expressa mais por uma teoria de trajetórias, de itinerários que se sucedem ou se contrariam, mas se explode, dela mesma e nela mesma, como uma trama, inscrita na totalidade suficiente do mundo.

Abandonamos o imaginário projetante, suas audácias, suas trilhas, seus desconhecidos aventurados: a flecha ardente e o traço que não poupa nada. O impulso do mundo, seu desejo, não o encorajam mais avante em uma febre de descoberta: eles multiplicam ao redor.

Tendo ao final, e apesar de tantos impossíveis, abordado a Relação e aceitado pressentir seu trabalho, precisamos agora desindividualizá-la como sistema, alargá-la ao amontoado brotante de sua mera energia, encontrando-nos aí com outros.

Desindividualizar a Relação é levar a teoria à vivência das humanidades, em suas singularidades. É voltar às opacidades, fecundas de todas as exceções, movidas em todos os afastamentos, e que vivem para se envolver não projetos, mas a densidade refletida das existências.

O que hoje chamamos de mundo é não somente a convergência das histórias dos povos, que varreu as pretensões das filosofias da história, mas também os encontros (na consciência) dessas histórias e materialidades do planeta. As incendiadas catástrofes reativam o trabalho dos genocídios, as fomes e as secas impulsionam-se em regimes políticos suicidas, beligerantes alucinam-se em escala assombrosa, as inundações e os ciclones solicitam a solidariedade internacional sem que se possa preveni-los ou combater verdadeiramente seus efeitos, os movimentos humanitários que surgiram nos países ricos esforçam-se em tapar com um curativo, nos países pobres, as feridas abertas normalmente provocadas pelas economias impiedosas desses mesmos países ricos, desmatam-se, ao mesmo tempo, as selvas e as tribos, e assim infinitamente. O tremor desencadeado na consciência europeia pelo terremoto de Lisboa no século XVIII generalizou-se. Nenhuma história particular (felicidade ou tragédia, exação ou libertação) está encerrada no único recinto de seu território nem na mera lógica de seu pensamento coletivo. A desgraça da paisagem invadiu a palavra e reavivou a desgraça das humanidades, para concebê-la. Podemos suportar para sempre essa divagação do conhecimento? Podemos dela nos distrair? O imaginário da totalidade nos protege, aqui, da deserção. – Da deserrância.

Se quisermos escapar da divagação, ou da suspensão neutralizante com a qual costumamos evitá-la, devemos não apenas imaginar a totalidade, como o propusemos há pouco, e não apenas abordar a Relação por uma transposição de pensamento, mas também implicar esse imaginário no local onde vivemos, mesmo se nele erramos. O ato e o local não são generalizáveis.

O que eu disse sobre a antilhanidade é muito simples, nesse local de onde nós, mulheres e homens do Caribe, erguemos a vontade de juntar e de difratar as Ante-Ilhas que nos asseguram em nós mesmos e nos reúnem a um alhures. A antilhanidade, que é método e não ser, não se conclui, não se ultrapassa para nós.

Mas se caímos assim na modernidade, confirmando a obra de nossas culturas, não podemos ignorar que um de seus motivos mais permanentes está todo na vontade pulsional de desculturação. É porque as humanidades sentem que suas culturas constituem os elementos (não primeiros) da generalidade do caos-mundo que elas tendem instintivamente a reviravoltas anticulturais. Como se quisessem preservar essa generalidade de qualquer normatividade que pudesse ser introduzida pelo pensamento da cultura. (Aliás, é bonito ver como se estigmatiza esse ou aquele episódio, por exemplo, a Revolução Chinesa, enquanto todo o aparato dos agentes de brilho leva, onde quer que seja, à mesma elementaridade anticultural.) Como se elas pretendessem afirmar que as culturas não desenham harmonias preestabelecidas, que as histórias dos povos não convergem para uma única genealogia.[1] A violência moderna é anticultural, ou seja, ela esforça-se em garantir a vitalidade aberta do choque das culturas. Tratar-se-ia de um retorno da barbárie, ou de uma precaução profética contra a barbárie da redução e da uniformidade?

Uma das constantes dessa violência moderna é que ela precisa a todo momento e de qualquer modo ser encenada. Seja real ou simulada, ela requer um acabamento brilhante, não pode prescindir dos serviços dos agentes de brilho. As violências subterrâneas, dos guetos ou das matas, dos combates obscuros pela sobrevivência, desmancham-se quando se esboçam as soluções. Os negros dos Estados Unidos, ali onde são os mais pobres, porque eles são os mais pobres, porque estão abaixo das possibilidades de vida e porque não têm outras soluções, exercem a violência total, na mata das cidades. A violência da miséria não é, porém, uma vocação. Mas a violência moderna, que nasceu do choque das culturas, é de um outro tipo. Ela se alimenta do brilho de sua explosão e exaspera-se com o próprio eco.

Dois dos programas de televisão que mais me impressionaram nos Estados Unidos revelam, de modo surpreendentemente análogo, uma mistura de crença, intensificada por seu próprio espetáculo, e uma vontade de crença, mantida para além das aproximações do espetáculo. Os programas de luta livre não servem muito para determinar qual competidor é o mais forte. No entanto, eles acendem no público ondas de violência incontroláveis, desprovidas de qualquer ceticismo. Não se trata do espalhamento de uma violência apenas bestial, mas, muito antes disso, de uma violência pura (se pudermos chamar assim), branca como um metal levado ao seu grau mais alto de incandescência. O público acredita nessa violência, no seu espetáculo, ele está ali para isso. Eles levam as famílias, as crianças. Não importa se existe um truque por trás da encenação. O desejo da violência explícita é mais forte do que a suspeita de uma não violência oculta. Os trajes aterradores dos lutadores, as inacreditáveis subversões de linguagem que eles usam para se provocar nas entrevistas de televisão que anunciam os combates e lhes servem de publicidade, a efusão de sadismo fingido ou real no palco revelam que a regra aqui é comover o máximo possível.

Outro programa de televisão é também surpreendente por sua violência: as pregações. A performance desses pregadores é física, eles usam cada postura do corpo, imitam a gesticulação tão eficaz dos atores negros, choram, cantam, tocam piano, empurram a tensão ao extremo antes de desatar a crispação contínua dos corpos e dos espíritos em uma bem-aventurada bênção. O auditório (e talvez, também, os telespectadores?) chora em uníssono, desmaia, entra em transe. A encenação da pregação não incomoda, muito menos os escândalos de costumes ou de prevaricações que macularam vários desses pastores de brilho. O desejo de catarse é maior do que a suspeita de uma falta de sinceridade.

Ascese pela violência, para reencontrar uma pureza original. É preciso mostrar que nos entregamos a isso e que isso funciona. Essa violência ainda não é barbárie, mas uma busca desesperada. A barbárie (o amor tirânico de si) vem depois. É por isso que as benevolências pessoais são tão fortes nesse país: elas tentam afastar as convulsões do *maelstrom*. Ao passo que as leis da proteção social, como as que se praticam nas legislações europeias, são derrisórias, em nenhum lugar do mundo o apelo a doações e a contribuições privadas encontra semelhante eco, que chega a ser uma ingenuidade. A violência da desaculturação é, então, de alguma forma, domesticada: presa no cotidiano.

Não paremos nesse lugar comum, uma vez que uma poética não nos garante nenhum meio concreto de ação. Talvez ela nos permita compreender melhor nossa ação no mundo. Consideramos, por exemplo, como nossa exigência da responsabilidade cultural, inseparável da independência política, deve ser posta em relação com a violência profilática das desaculturações. Pôr em relação. É isso o que se chama desfolclorizar. A redução folclórica (a crença de que apenas as vivências atávicas são portadoras de existência) espreita todas as culturas, tecnológicas ou não. O sentimento da modernidade nos afasta dela, ao nos apresentar a imagem das relações, das semelhanças de situações ou das divergências de orientação, do nós ao outro.

Mas também consideramos que devemos atentar para o fato de que toda generalização concebe suas ilusões.[2] Por exemplo: se o folclore debilita, ele enriza com a mesma força. Poderíamos dizer da modernidade, quando ela nos põe assim à beira de nos relativizar sem nos perder, que ela coajusta sem confundir.

De que meios dispomos para equilibrar tais exigências, que não são necessariamente harmônicas?

ÉDOUARD GLISSANT > *230*

Em primeiro lugar, do imaginário. Ele trabalha em espiral: de uma circulação a outra ele encontra novos espaços, sem transformá-los em profundidades ou em conquistas. De tal modo que ele não se apega a essas binariedades, que tanto pareceram me ocupar ao longo desta obra: a extensão-a filiação, a transparência-a opacidade...[3] O imaginário completa-se à margem de qualquer nova projeção linear. Ele cria redes e constitui volume. As binariedades nunca passaram de comodidades para abordar a trama.

O imaginário comenta em melopeia, ou zomba simplesmente. Mais frequentemente, ele se resguarda, ao aproximar o caos-mundo e suas turbulências, nessa dimensão de reserva que chamamos humor. O humor sempre supõe uma referência velada, que faz a primazia do humorista. O humor tem a ver com um classicismo que não é pronunciado, ou que, ao contrário, é questionado, como no caso do humor negro dos surrealistas. Mas sua potência corrosiva talvez se dissipe na turbulência do caos-mundo, onde os classicismos não têm lugar. O contador crioulo não quer ser humorista, ele surpreende por sua disposição (que não se diria inata) de reunir incessantemente os elementos mais heterogêneos do real. Pierre Reverdy descreve a mesma operação na poesia. Não há, nesse caso, nenhuma referência velada, mas um processo ininterrupto de revelação: de pôr em relação. Seria necessário outra palavra para definir essa aproximação, quando ele nos surpreende e nos faz desviar da convenção.

O cantochão ou o uivo (na duração ou no instante) são os lugares de preferência da poética da Relação, porque ela repugna as desenvolturas com que se reveste qualquer presunção de superioridade. Mas, na verdade, a preferência não se mantém. A palavra barroca não reconhece norma preestabelecida. Apenas rigores de forma, pelo simples fato de confrontar-se com a desmedida.

POÉTICA DA RELAÇÃO > *231*

Em segundo lugar, a aproximação do real. Conceber a ordem e a desordem do caos-mundo não coloca ninguém em nenhuma disposição particular para se opor àqueles que ali mantêm seus poderes de desnaturalização. E, no entanto, se tentássemos estabelecer aqui, relativamente aos lugares da infelicidade e da opressão, uma dessas listas que temos esboçado ao longo deste livro para outros assuntos, seria certamente a mais longa. Na totalidade, os poderes reforçam seus poderes, e é a fraqueza dos pensamentos estéticos, das poéticas particulares, fazer como se nada fosse, diante desse outro tipo de *maelstrom*. Se o imaginário da totalidade não ajuda ninguém a estruturar a resistência, pelo menos podemos acreditar que ele permitiria a todos que se protegessem contra tantos erros provenientes dos antigos pensamentos da ideologia.

Quantas revoluções, ricas em tantas superações, não sombrearam nas limitações cegas, nos princípios absurdos, reunindo-se, assim, ao que elas tinham combatido? A percepção poética do caos-mundo leva-nos a pressentir alguns dos ensinamentos de tantos fracassos. De minha parte, e apenas de minha parte, ou seja, sem pretender ensinar, eu os resumiria da seguinte forma:

O domínio de uma ação acontece em seu ato.
O sentido-pleno de uma ação acontece no seu lugar.
O devir de uma ação acontece na Relação.

Esses três enunciados não pretendem constituir uma lei. Eles significam que, uma vez concebida a totalidade, não se poderia reivindicá-los *a priori* para intervir nos problemas de aqui e agora, mas que nenhuma solução posta em ação poderia, entretanto, ignorar nem subestimar o movimento dessa totalidade, que é Relação.

Contra aqueles que dão lição generalizante. Contra a ideologia que se basta a si mesma. Contra os pequenos senhores locais. Contra o confinamento nacionalista intolerante. Contra os reerguidores de fronteiras. Os obcecados pelo poderio militar. Os depositários da consciência coletiva. Os portadores da palavra.

Não há ingenuidade em "relativizar" dessa forma, na matéria concreta da Relação, as ações mais particulares. Não é de uma única vez que se instala o hábito. Nós mal começamos a conceber essa lógica subterrânea, que não se impõe em predicados, mas nos submete coletivamente a nossas contradições.

Contradições. Os bôeres racistas da África do Sul estão nelas presos: eles insistem em reivindicar o sagrado da raiz (mas não se pode exportar filiação), e eles não podem consentir com as aproximações da Relação. Seu refúgio é o endurecimento do Apartheid. Os negros oprimidos desse país portam a superação. Eles poderiam ter se fechado na única sacralidade do território (eles têm um "direito" ancestral, e é por isso mesmo que se toma o cuidado de lhes impor reservas nessa terra), mas a terrível acuidade da sua luta leva-os, por mais insensível ou caoticamente que isso se faça, ao encontro dos mestiços, dos indígenas, dos brancos, ensina-lhes e inspira-lhes o sentido da Relação. Nelson Mandela é um eco-mundo. Onde quer que, de uma forma ou de outra, imponham-se os opressores, os oprimidos representam, por sua própria resistência, a garantia de um devir como esse, ainda que frágil e ameaçado.* Os bons sen-

---

* *As potências de opressão sabem bem disso, pois tentam criar "heróis" libertadores, reais ou míticos, para simbolizar suas causas. Surgem assim pseudoecos-mundo, e parece que a opinião ocidental se tornou especialista em fabricá-los.

timentos não têm nada a ver com isso, mas sim a exigência da totalidade, que toda opressão tenta reduzir e que toda resistência ajuda a multiplicar.

Então a palavra, que não é feudo de ninguém, encontra a materialidade do mundo. A relação se diz.

Sou atingido pela imagem da capa de uma revista (cuja maneira é bem essa dos agentes de brilho, *Paris Match*, de 11 de maio de 1989), em que leio em uma prateleira:

CHERNOBIL
Vamos evacuar 12 vilarejos,
Os lobos estão voltando,
Os pinheiros estão azuis.

Por qual infinito rodeio uma catástrofe nuclear, que reverberou nas sensibilidades do mundo, tanto entre os desvalidos quanto entre os bem-nascidos, provavelmente nos vilarejos de savana assim como nos arranha-céus, e que consequentemente alimenta o lugar-comum mais passivamente experimentado pela consciência planetária, encontra-se ela, também, condensada no que parece ser o involuntário poema, pelo qual o mundo nos falaria? A paisagem rompeu a barreira do brilho, apondo-lhe esse apanhado da palavra.

O círculo abre-se novamente, ao mesmo tempo que ele se forma em volume. Desse modo, a Relação é a cada momento completada, mas também destruída em sua generalidade, por aquilo mesmo que colocamos em ação em determinado tempo e lugar. A Relação destruída, em cada instante e em cada circunstância, por essa particularidade que significa nossas opacidades, por essa singularidade, volta a ser relação vivida. Sua morte em geral é o que faz sua vida em partilha. Pois se as humanidades vivessem plenamente a Relação, elas distrairiam-lhe o conceito na naturalidade que a teria concretizado. A Relação vive de se realizar, ou seja, de se completar em lugar comum.

Esse movimento torna possível dar com a dialética das estéticas. Se o imaginário nos leva do pensamento deste mundo ao do universo, nós podemos conceber que, por uma intenção contrária, a estética, por meio da qual concretizamos nosso imaginário, nos traz sempre de volta infinitos do universo para as poéticas definíveis de nosso mundo. É deste mundo que toda norma é evacuada, é também nele que nos inspiramos para nos aproximarmos do real de nosso tempo e de nosso lugar. Vamos assim com o círculo aberto de nossas estéticas retransmitidas, de nossas políticas incansáveis. Deixamos o abismo-matriz e o abismo insondável para este outro, onde erramos sem nos perder.

A PRAIA ARDENTE

A areia cintilou. A força subterrânea (submarina) refugou a provisão vulcânica do norte. A praia está a descoberto, sem surpresas, como que prisioneira. Os turistas perambulam e nela estendem as toalhas. Não são muitos, o local fica afastado. Nem mais uma forte onda para distrair-lhes do prazer da letargia. A ordem e a comodidade estão timidamente de volta.

Sob a imagem convencional, tal como a vemos desenvolvida – ou resumida – em filmes publicitários, nos Estados Unidos ou no Japão, a imagem luxuosamente mortífera pela qual se vende um país ("As Antilhas a preço de banana"),* sob a insípida aparência, reencontramos o ardor de uma terra. Vejo a derrisão da imagem e não a vejo. Surpreendo o estremecimento dessa praia, seus visitantes exclamam que ela é tão bonita, ou tão típica, e eu vejo que ela é ardente.

Ela tem um interior de morros cujo silêncio estarrece, eles próprios recortados pela *Cohée du Lamentin*,** e pelo mangue-vermelho que aí balouça. Existe um grande esforço para aterrar o manguezal e conseguir a licença para

---

* Os europeus, em previsão da Ata única de 1993, compram suas terras aqui sem sequer se deslocarem: por encomendas e delegações de poder.

** Lugar mítico a que Glissant remete e que dá título a um de seus ensaios, traduzido no Brasil pela Universidade Federal de Juiz de Fora (UFJF) como *O pensamento do tremor*, seguindo a edição italiana e entendendo que, como outros termos e lugares utilizados por Glissant, este também é intraduzível. Podendo se referir a certa baía martinicana, a seu mangue ou até mesmo a pássaros que lhes teriam dado o nome, Glissant a condensa nesta imagem: "[...] *cohée du Lamentin* é para mim aquilo que os rastros da infância projetam em cada um de nós para ensinar-lhe o Todo-mundo" (*Une nouvelle région du monde*, Paris: Gallimard, 2006, p.114-115). (N.R.T.)

zonas industriais e centros de alto consumo. Mas ele ainda resiste. Meus amigos levaram-me aí, em busca dos pontos quentes, esses vasos de água vermelha que borbulham suas ardências, a cada lugar, nos mangues.* Então reencontro, mais significante do que naqueles tempos de menino em que vagabundeava, a palavra do vulcão que rola por essas bocas. A mesma que enfeitava a areia com vestes de sombria penitência, para depois, retirando-se pouco a pouco, descobrir-lhe o brilho.

Esse apego da praia com a ilha, que nos permite vadiar** para longe dos pontos fixos de turismo, está assim amarrado à desaparência – uma desaparância*** – onde circulam as profundezas do vulcão.

Imagino desde sempre que essas profundezas navegam sob o mar a oeste e o oceano a leste, e que enquanto nos afastamos uns dos outros, cada um em sua plantação, por debaixo, as balas de canhão esverdeadas rolaram de uma ilha para a outra, tramando os rios comuns que abriremos no nosso tempo e para onde levaremos nossas barcas. Do local onde me encontro, avisto Santa Lúcia no horizonte. Assim, de próximo em próximo, evocando a extensão, consigo realizar esse arco-íris-marinho.

---

* Lado inverso da derrisão: também nomeamos "ponto quente" uma padaria onde recebemos baguetes moldadas, *croissants* e *pains au chocolat* numa forma, com a cor cinza esverdeada de sua massa congelada, chegados da França em cargueiros aéreos, e basta-nos colocá-los no micro-ondas. Deleitamo-nos com eles.

** No original, "Marronner". *Marrons* são os escravos que escaparam do jugo colonial (N.R.T)

*** O autor altera a grafia da palavra para produzir uma diferença de sentido no neologismo criado por ele: *désapparence/désapparance*. (N.T.) Uma possível referência à distinção proposta por Derrida entre *différence* e *différance*. (N.R.T.)

O mesmo vale para a maneira como pronuncio o "nós" em torno do qual se organizou este trabalho. Seria ele o nós comunitário, enrizomado no frágil vínculo a um local? Seria o nós geral, implicado no movimento do planeta? Ou o nós ideal, desenhado nos torvelinhos de uma poética?

Qual é esse "sujeito indeterminado" que intercede(-se)? Aquele do Outro, da vizinhança, aquele que imagino para tentar dizer?

Esses "nós" e esses "sujeitos indeterminados" são um devir. Aqui, possuem sentido pleno, no uso excessivo da palavra "totalidade", da palavra "Relação". O excesso é uma repetição que significa.

Encontram sentido pleno na extensão do discurso, onde as análises peremptórias ganham força apenas pela acumulação, na impossibilidade de queimarem no tumulto de um corpo. O amontoamento de palavras queima, de tanto se amontoar.

Encontram sentido pleno no eco do país, onde o morro entrelaçou a praia, onde os motivos se enredaram em uma única vegetação, como as palavras fora da página.

Vermelha-terra-vermelha, mais escura, embaixo, do que o giz negro dos nossos devaneios. As nuvens de Pitons,* emaranhadas de insensatas samambaias, a areia ardentemente cinza onde tantos vulcões se puseram, a planície de bananeiras carregadas de cachos, as profundezas de inhame onde ficar de pé, os traçados nas cristas da montanha, como um enxofre obstinado, o brilho de sombra das varandas onde se move um bambu velho e áspero.

O que nos prende não é o clarão nem a revelação, mas o acúmulo e a indefinida impaciência infinitamente recomeçada.

---

* Picos vulcânicos da Ilha de Santa Lúcia, na Martinica. (N.R.T.)

De repente surge essa aparência no morro. Um ponto na superfície do caos, que se desloca e o muda com o seu movimento. Esse ponto não é neutro, ele não é o ponto de partida de uma purificação, mas também enrizoma na terra.

(Então me sugerem, para terminar: "O que você está dizendo aqui, já está tudo ou quase tudo em *Soleil de la conscience*, esse livrinho publicado há mais de trinta anos." Estou de acordo. Nós nos deslocamos na superfície, na extensão, tecendo nosso imaginário e não preenchendo as lacunas com um saber: mas, ao contrário, removendo aquelas cheias demais, à medida que avançamos, para finalmente conceber volumes de infinito. Eles assemelham-se às peneiras de espaço que os técnicos do Caos inventaram e que parecem cheias de seu próprio eco.)

(Eis que salta o clã de cabras que, dia e noite, fazem uma passagem na cerca do jardim, invadem o terreno e remexem nas frutas-pão doces e nos cajás-manga que estão apodrecendo. O pastor segue-as de perto, tange-as para o caminho de terra que beira a praia. O atropelo das cabras rumo a essa comida ritual, os gritos do jovem condutor do rebanho, o movimento brusco e circular, desde a irrupção faminta até a saída em debandada, são sempre iguais. Fechar a cerca do jardim, suspender esse desvio dos animais, eu nunca poderia conceber isso.)

Essa sombra no morro é simplesmente um rebanho de cabras, revoltando-se em seu próprio barulho.

O caminhante (pois é dele que se trata) logo desce das alturas, ele decifra novamente a praia. Sua energia não tem limite, seu retiro é absoluto.

Veja-o, leitor longínquo, ele que recria os detalhes imperceptíveis no horizonte, que representa você – que tem prazer e luxo de representar você – tantos lugares fechados e abertos no mundo. Imagine-o, caindo em uma prostração irremediável, ou então acordando subitamente e começando a gritar, ou então permitindo-se aos poucos as atenções da família, ou então retomando de uma vez a trilha do cotidiano, sem qualquer explicação. Ele dirige a você esse gesto mal delineado, que precede todas as linguagens. Há tanto o que desvelar do mundo, que você pode deixar este aqui seguir em sua própria perspectiva. Mas ele não vai mais abandonar você. A sombra que ele faz ao longe se projeta ao seu lado.

Para nós que o seguimos, se é que podemos dizer isso (mas conhecemos o ritmo de seus passos, sabemos prevê-los), começamos a aceitar que ele é mais resistente do que nós e mais duradouro do que nosso palavreado. Ninguém saberia satisfazer-se com essa errância enclausurada, com esse nomadismo circular, sem objetivo nem fim nem começo. O ausente que caminha não esgota nenhum território, ele se enraíza somente no elemento sagrado do ar e na evanescência, na pura recusa que nada muda no mundo. Na verdade, não o seguimos, pois sempre estamos querendo mudar alguma coisa. Mas no fim sabemos que sua caminhada, que não é nomadismo, também não é divagação. Ela traça figuras repetidas nesta terra, cujo desenho surpreenderíamos caso pudéssemos identificá-las. Esse andarilho é um eco-mundo que se consuma nele mesmo, que representa o caos sem realizá-lo.

O lugar recria sua plantação, de onde essa voz sem voz grita. Plantações do mundo, vasos de solidão, clausuras desnaturadas, que você de alguma forma toca. Mangues, igarapés, lagunas, *muskegs*, banquisas. Guetos, subúrbios, *volga-plages*, palafitas, *barrios*. Encruzilhadas, lugarejos, pistas de areia, enseadas de rios. Vilas abandonados, lavouras entregues às estradas, casas fechadas em seu entorno, videntes que gritam em suas cabeças.

Agora eu lhes deixo, que nunca saiam da festa que nos prepararam. Reconhecendo-me na indistinta e tão precisa efervescência, de um outro tipo, onde o esquecimento não se acumula e nunca para, pois está mudando o tempo todo.

As algas do horizonte se enlaçam nas variações de cinza, azuladas de preto, onde o espaço multiplica. Sua samambaia faz uma chuva que não sai do calor do céu. Você toca com a seda do pensamento um emaranhado de vegetações, um grito de morro e de terra vermelha. Tumultos recém-nascidos da vertigem. Imóvel aguaceiro. Ecos cadentes. Um tronco se afina nas beiras do sol, uma obstinação dura, mas que derrete. Chamem os guardiões do silêncio, seus pés no rio. Chamem o rio, outrora transbordante nas rochas. – Quanto a mim, auscultei esses pontos quentes. Banhei-me neles, na companhia dos amigos: atentos aos batuques do vulcão. Mantivemo-nos curvados sob o vento e não caímos. Uma só *cohée*, fervedouro onde todo nome evapora. Tratando também de designar essa azuleza de tudo... – Seu sol se vai, nos tremores prateados das savanas, e no cheiro ocre da terra perseguida.

NOTAS EM LUGARES COMUNS

A ERRÂNCIA, O EXÍLIO

1. O poeta Monchoachi organizou, na cidade de Le Marin, no sul da Martinica, uma série de apresentações sobre o tema da errância. Acredito que fui um dos primeiros convidados a abordá-lo com esse enfoque. O Caribe é terra de enraizamento e de errância. Os exílios antilhanos são testemunhas disso.

2. Kant, em *Crítica da razão pura*, apresenta da seguinte forma o que ele diz sobre a Relação:

> A unidade incondicional
> da RELAÇÃO
> ou seja
> ela própria, não como inerente
> mas como SUBSISTENTE.
> (Pléiade, vol. 1, p. 1468).

Se essa Relação contribui para a unidade sistemática dos fins (princípio moral) ou para a unidade dos conhecimentos (princípio arquitetônico), duas qualidades dela podem ser afirmadas: primeiro, que ela é a liga que garante a permanência do pensamento no indivíduo; em seguida, que ela não participa da substância. É preciosa essa diferença que Kant parece estabelecer entre substância e subsistência. De qualquer forma, a ideia de Relação não interfere em sua obra como abertura que dá na/em direção à pluralidade, ao passo que ela seria totalidade. Para Kant, a pluralidade acontece no tempo, não no espaço. No espaço, há existência, que parece não se diferenciar em si mesma.

3. A tensão poética em direção à totalidade não recusa em nada as minúcias daqueles que se esforçam em determinado lugar. Não existe contradição a respeito, e Saint-John Perse não oculta Faulkner. É mais provável que o excessivamente-dito universal, no qual Saint-John Perse tanto se aventurou, esteja espalhado na dianteira da Relação, sem realmente tocá-la. A fala generalizante nem sempre acompanha o grito dos povos nem dos países que se creem generalizantes.

O gênio universalizante tem prontamente tendência, aliás, a negar histórias e tempos específicos – periféricos – (Borges ou Saint-John Perse), e a aspiração a esse universal tende a negar espaços e devires singulares (V.S. Naipaul).

POÉTICA DA RELAÇÃO › *243*

Por uma tensão de mesma natureza, muitos literatos do nosso país, em vez de se aventurarem em obras suas próprias e fecundas imperfeições, deleitam-se com as perfeições realizadas, e tranquilizadoras, do Outro. Eles lhes dão o nome de universal. Encontram aí um prazer amargo e legítimo, que os autoriza a se elevarem acima do que eles poderiam ter compartilhado ao redor. Seu afastamento em relação a uma linha de medida comum os leva assim a julgar, serenamente, o que está sendo balbuciado no entorno. Mas essa serenidade é crispada.

POÉTICAS

1. Em *La conquête de l'Amérique* (Editions du Seuil, 1982), o sr. Tzvetan Todorov estuda um dos avatares mais significativos dessa relação do Mesmo com o Outro: que contrapõe os índios da América aos conquistadores. Ele propõe que, nessa relação, os índios reagiram com uma lógica da totalidade, ficando em situação de inferioridade técnica diante dos conquistadores, que agiam unicamente em função da lógica do interesse. ("Existem duas grandes formas de comunicação, uma entre o homem e o homem, outra entre o homem e o mundo, os índios cultivam principalmente esta, os espanhóis, aquela", p. 75.) O sr. Todorov infere que, se na perspectiva da Conquista, os índios sofreram de fato a derrota que levou à remodelagem do Continente e ao início de uma nova história, inversamente, na perspectiva do que chamo aqui de uma Relação mundial, o seu sistema referencial é o mais duradouro (o mais proveitoso?) que há. Assim, ele está considerando o estado do mundo, o estágio em que estamos hoje, e não privilegia, na percepção que propõe, um "sentido" (ocidental) em relação a um conteúdo (global); apesar de ter sido argumentado (Deborah Root: "The Imperial Signifier: Todorov and the Conquest of Mexico", *Cultural Critique*, primavera 1988) que ele talvez não tenha deixado de ser tributário do "sentido" que a Europa havia atribuído ao Outro.

2. Nesse meio-tempo foi lançada uma obra dos srs. Jean Barnabé, Patrick Chamoiseau e Raphaël Confiant, intitulada *Éloge de la Créolité* (Gallimard, 1988). Trata-se de um manifesto que tenta definir, ou proclamar, a linha de continuidade da literatura martiniquenha. É a essa obra que me refiro, em algumas ocasiões em que traço um paralelo entre crioulização e crioulidade.

3. Eu resumo da seguinte forma:

ORAL E ESCRITO.

A emergência das línguas da oralidade acompanha um ressurgimento da poesia declamada, cuja prática, certamente com insuficiências, se generaliza. Outra economia da palavra poética é esboçada aí, cujo retorno (repetição e redundância), assonância, variações de tonalidade etc. tornam-se meios autorizados. As práticas de escrita provavelmente serão por ela renovadas.

MULTILINGUISMO.

O pensamento do Centro era monolíngue. A poética da Relação requer todas as línguas do mundo. Não conhecê-las nem refletir a respeito delas, mas saber (sentir) que elas existem com necessidade. Saber que essa existência decide sotaques de toda escrita.

LÍNGUAS E LINGUAGENS.

Existem comunidades de linguagem que ultrapassam as barreiras das línguas. Eu me sinto mais próximo dos escritores do Caribe que falam inglês ou espanhol, ou, evidentemente, que falam crioulo, do que da maior parte dos escritores franceses. É isso que constitui nossa antilhaneidade. Nossas línguas diferem, nossa linguagem (a começar por nossa relação com as línguas) é a mesma.

GÊNEROS LITERÁRIOS.

Na tensão rumo à totalidade, a obra literária também constitui a etnografia de sua própria matéria. Colocamos no mesmo nível um poema de Brathwaite, um romance de Carpentier, um ensaio de Fanon. Vamos mais longe na indistinção dos gêneros, negando a necessidade para nós de suas divisões, ou criando outros novos.

INSTANTE E DURAÇÃO.

As duas "realidades" do tempo, seja este entendido como linear, circular, cíclico, "natural" ou "cultural". Que determinam os sotaques de nossas poéticas. Poder-se-ia dizer que uma poética do instante seria blasfematória, quando toda poética da duração consagraria uma unanimidade?

SOBRE A INFORMAÇÃO DO POEMA

1. A entrada de um texto em um texto, ou a articulação de uma parte a um todo, às vezes contradiz a economia do conjunto. A referência aqui a críticos franceses, que assim anunciam o fim da poesia, não passa de um revezamento para a revisão das situações, no mundo, em que a poesia cresce como meio de expressão.

CONSTRUIR A TORRE

1. Escrevi em *O discurso antilhano*: "Eu converso com você em sua língua e é na minha que te entendo." Quando todas as línguas se equivalem, a linguagem do poeta acontece em sua língua. Deixar de demarcar a linguagem da língua é supor que toda língua, na poética, terá sido liberada. Da mesma forma, escrever é experimentar-se habitado desde já, com exultante nostalgia, por todas as línguas do mundo.

TRANSPARÊNCIA E OPACIDADE

1. Encontro a proposta de sr. Charaudeau sobre a competência da situação do aprendiz em uma outra forma em um estudo do sr. Robert B. Kaplan: "Cultural Thought Patterns in Inter-Cultural Education" (*Language Learning*, vol. XVI, n. 1 e 2, p. 1-20). O sr. Kaplan examina as condições do ensino do inglês como segunda língua nos Estados Unidos. Sua conclusão geral é que o estudante estrangeiro, que assimilou e dominou perfeitamente as regras, não é, porém, completamente capaz de dissertar nessa língua: sua competência situacional – o sr. Kaplan não emprega esses termos, mas a ideia é a mesma – deve ser desenvolvida pelo professor.

O RELATIVO E O CAOS

1. Foi na Unesco que pude verificar o constante desprezo em relação a esses dois sentidos da palavra cultura (entre tantos outros). Alguns funcionários ocidentais dessa organização, instalados há muito tempo, sentiram-se ofendidos pela entrada dos nacionais dos países do Sul, entendendo isso como uma traição do ideal de "cultura" que eles acreditam ter presidido a sua fundação. Indo mais longe, eles associavam as culturas desses países, tão manifestamente distanciadas daquilo que eles acreditavam ser uma realização humanista, aos diversos regimes de governo que constituíam-se como sua autoridade. Era, então, a barbárie que penetrava a instituição, e pessoas honráveis podiam ser ouvidas resmungando: "Em breve, vamos trabalhar debaixo dos coqueiros." Esse desprezo era duplo: confundiam a "cultura" com o refinamento humanista, e as culturas dos povos, com os governos que as regiam. Certamente – sem contar que as ditaduras subdesenvolvidas não têm nada a invejar em seu campo a muitos regimes políticos aparentemente mais polidos –, o desprezo não era inocente.

Pois se tivessem aceitado considerar que uma cultura é uma totalidade, um eco-mundo participativo, também consentiriam em renunciar ao privilégio exclusivo da "cultura" e de sua gestão. E se acreditassem na ideia de que cultura e governo são equivalentes, teriam todas as chances, ou as razões, em nome de um bom "governo das coisas desse mundo", de querer manter esse privilégio onde ele estava.

Esse tipo de disposição tinha a aprovação da maior parte dos representantes das nações ricas, as quais só aceitavam promover uma ajuda cultural para as nações pobres de modo pontual, o qual acreditavam ser o único modo eficaz, e de preferência em um contexto bilateral, que sempre permite frutíferas negociações.

Da mesma forma, toda análise global da situação – que a Unesco, durante um tempo, resumiu sob o ingrato título de "problemática mundial" – era imediatamente condenada por esses representantes, declarada inútil ou perigosa. Tempo perdido, dinheiro jogado fora. Teria sido, no entanto, uma grande obra, por parte de uma instituição desse porte, a de tramar o esboço dessa Relação global.

Infelizmente, a convenção de linguagem que prevalece em tal contexto (em especial, as precauções amaneiradas necessárias para não atingir nenhuma das partes em causa), assim como as reticências multiplicadas, reduziram muito essa tentativa, ali mesmo onde se deveriam despertar todas as riquezas do imaginário e do poético. – O poético, em uma organização internacional!

A obstinação, que podemos considerar heroica, do sr. Amadou-Mahtar M'Bow, então diretor-geral, deveu-se muito a sua convicção de que era de interesse de todos, países desenvolvidos e países em vias de desenvolvimento (como se diz por aí), tentar definir a solidariedade global dos problemas e, consequentemente, a necessidade multilateral das soluções que decorreriam de sua análise. Esse interesse indivisível, os abastados não o admitem. Eles aceitam de boa vontade distribuir suas generosidades, mas no lastro das mãos estendidas.

É um fato da sociedade que os órgãos da imprensa ocidental pareçam ter interpretado tão continuamente mal esses dados. É verdade que o fundo do debate não foi feito para excitar a opinião pública e que era mais divertido, mais impactante, interessar-se pelas características das personagens e pelos episódios do conflito então encenados. Os agentes de brilho preencheram sua função e esconderam as verdadeiras linhas de força sob pseudolinhas de força ("A crise na Unesco!"). Por exemplo: "Preservar a liberdade de imprensa" em todo canto obliterou a questão posta: "Reequilibrar no espaço mundial os fluxos de informação e suas cargas culturais".

O desprezo não era inocente.

RELIGADO (RETRANSMITIDO), RELATADO

1. A particularidade de uma língua – a inserção de um hífen (de lugar comum para lugar-comum) – autoriza-me a arriscar um conceito que ultrapassa sua ocasião. Isso teria sido impossível no contexto dos sabres que tivessem substituído as línguas. Concebamos a inimaginável reserva que as línguas do mundo provêm, para uma produção de superação como essa. Em quantos idiomas, dialetos, não nos inspiraríamos para reunir-mo-nos, a cada vez, aos mecanismos indesmontáveis da Relação? Como não podemos acessar essa multiplicidade, tentamos juntarmo-nos a ela no interior mesmo da linguagem em que nos exprimimos. Quando queremos então nos encontrar com a multiplicidade, abrimos o bastião linguístico, multiplicamos por nossa vez a língua em que vivemos, a estrelamos: em uma linguagem que, por um movimento de travessa, recolhe a língua e a espalha.

CÍRCULO ABERTO, RELAÇÃO VIVIDA

1 O sr. Henri Meschonnic define a modernidade – entre outros – como um retorno de historicidade. Ele parece opor-se assim à corrente geral dos pensamentos estruturalistas. Mas sinto – e talvez eu esteja enganado – que essa historicidade encontra-se abstraída do movimento do mundo. O que nos convoca não é tanto a historicidade, mas a concordância difratada das histórias dos povos. O que o pensamento da anti-história recusou silenciosamente, e por malícia autodefensiva, é a presença ativa desses povos. A historicidade só acontece em geografias liberadas.

Meschonnic deplora, por exemplo, o uso imoderado, nos textos críticos contemporâneos, do termo horizonte. Sem dúvida porque ele suspeita de que há aí um projeto, a intenção de uma conquista (um outro nomadismo em flecha), o avanço de uma ideologia ou – o que dá no mesmo – de um ideal propagador. No entanto, a palavra horizonte perde esse sentido quando se trata do horizonte realizado do mundo. A modernidade não seria a totalidade contraditória e refletida das culturas? O horizonte é a circularidade de todos os lugares no planeta. Fico à espera de que a humanidade reatualize, de modo deplorável, a antiga acepção e o antigo uso, "projetando" contra locais ainda insuspeitos, no horizonte interplanetário.

Talvez exista modernidade quando uma tradição, que atua em um tempo e lugar, já não assimila as mudanças que lhe são propostas, do interior ou do exterior, mas se adapta a ela por violência. A violência nem sempre significa um corte, que poderia acontecer de forma latente. Mas é pelo fato de a violência da mudança ter se generalizado em nossa época e ter se precipitado que se diz que ela é absolutamente moderna.

Assim, séries de modernidades prepararam a modernidade. Esta, extravagante e endógena, consuma-se em seus predicados. Sua duração é sua extremidade: mais a modernidade se exibe, mais ela se desrealiza. Dessa forma, podemos supor consecutivos futuros sem modernidade ou infinitas modernidades sem futuro.

O que, nas culturas ocidentais, chamamos de pós-moderno é uma tentativa de encontrar uma ordem (e colocá-la em ordem) nessa realidade experimentada como caos, sem renunciarmos, porém, à vitalidade desse caos. Administrar a modernidade, pela sua serialização. Ou seja, ancorar-se, o melhor possível, na continuidade de sua própria produção. Essa é mesmo uma das tentações mais evidentes do pós-modernismo, que encontra seu motivo em uma ressurreição formalista das obras e dos ornamentos do passado ocidental, acomodados no atual magma. Porém, como já sugerimos mais de uma vez, os pensamentos estéticos e filosóficos, de qualquer cultura pelos quais sejam engendrados, terão que romper com a criação apenas de sua própria história, a fim de dar com todas as contaminações. Eles deverão criar seu Outro do pensamento. No atual momento, não vemos nenhum indício considerável dessas autorrupturas. Exceto que no Ocidente, e como que por antífrase, a pesquisa intelectual de um *corte epistemológico*, não importa qual ele seja e onde se exerça, comprova o sentimento (mas também o ressentimento com o encontro) dessa necessidade de romper com o exclusivo de seu *continuum*.

2 Há dramas planetários da generalização.

A figura emblemática de Leon Trótski pairava sobre o drama da dispersão das inteligências e das generosidades trotskistas.

O stalinismo, ao trazer de volta a Revolução para um único país, reativou o universal generalizante, que é sempre etnocêntrico e absoluto. A III Internacional foi o instrumento trágico dessa generalização.

O trotskismo, ao desenvolver a teoria da revolução permanente, tentava escapar desse universal generalizante e transmiti-lo por meio de um universal concreto e relativizado.

Mas as liberações dos povos não são universalmente programáveis. A perspectiva trotskista, que desprendia as lições marxistas da gangue no nacionalismo de Estado, não foi suficientemente longe em seu movimento.

Sabemos hoje que a filosofia marxista (ou, de Marx) era, como todas as filosofias da História, linear (uma História, um motor: a luta das classes, um agente: o proletariado, um fim: a sociedade sem classes) e etnocêntrica (ela avançava dos confins do mundo em direção às grandes cidades da Europa). Mas ela também ganhava força em um imaginário no qual foi preciso se inspirar a princípio e que, além da teoria, dava a ver o mundo em uma totalidade.

A ideia da revolução permanente, a fim de irradiar contraditoriamente, não poderia ter se contentado em ser ideológica. É o *a priori* (esse calendário programável das liberações) que teria sido preciso ultrapassar, para apreciar o que o pensamento marxista tinha trazido de progressos meto-

POÉTICA DA RELAÇÃO > *249*

dológicos na apreensão das situações. O universal generalizante estava em gérmen nesse pensamento: ele autorizou as monstruosidades stalinistas. Se seu imaginário, ao contrário, tivesse sido livrado da obsessão pelas tomadas de poder, teria alimentado a Relação.

O drama da superação trotskista foi não ter sistematizado a crítica do etnocentrismo stalinista, e de não ter remetido uma parte dessa crítica à própria teoria marxista, pelo menos tal como foi interpretada pelos revolucionários russos.

É por isso que o trotskismo se chocou por quase todo lado contra as particularidades teimosas das situações singulares, em uma poeira de combates heroicos, irrisórios, no mais das vezes obscuros.

É bem fácil de dizer – e bem rapidamente dito – hoje.

Mas é verdade que se trata aqui de um eco-mundo abortado, que deixou no coração de muitos uma pontada de pesares e nostalgias.

3 Dessas binariedades, superáveis ou não:

Abismo-matriz, abismo insondável.

Nomadismo em flecha: – nomadismo circular.

A Descoberta, a Conquista.

Linearidade – circularidade.

A filiação – a extensão.

A legitimidade – a eventualidade.

Centro: – periferias.

As diferenças: as singularidades.

Transparência – opacidade.

Generalização – generalidade.

(Faulkner, Saint-John Perse.)

Classicismos – barroco.

Modelos – Ecos-mundo.

O Relativo: o Caos.

A totalidade: a Relação.

Compreender – dar com.

O sentido (em linearidade), o sentido-pleno (em circularidade).

Estética do universo: estética do Caos.

As línguas: a linguagem.

A escrita: a oralidade.

O instante, a duração.

A História – as histórias.

Identidade raiz – identidade-relação.

Pensamento do Outro: – Outro do pensamento.

Assimilações – afastamentos determinantes.

Religado (retransmitido), relatado

Agentes de transmissão – agentes de brilho.

Lugar comum: lugar-comum.
Violência, desaculturação.
As crioulizações, a errância.

Nessa ladainha, a vírgula (,) sinaliza uma relação, o traço (–), uma oposição, os dois pontos (:), uma consecução.

BIBLIOGRAFIA DE ÉDOUARD GLISSANT

ENSAIOS

Soleil de la conscience. (Poétique I). Paris: Éditions du Seuil, 1956.

L'intention poétique (Poétique II). Paris: Éditions du Seuil, 1969.

Le discours antillais. Paris: Éditions du Seuil, 1981.

Poétique de la Relation. (Poétique III). Paris: Gallimard, 1990. [Ed. Bras.: *Poética da Relação*. Rio de Janeiro: Bazar do tempo, 2021.]

Discours de Glendon (seguido de bibliografia de escritos de Édouard Glissant feita por Alain Baudot). Toronto: Éditions du GREF, 1990.

Introduction à une Poétique du Divers. Montréal: Presses de l'Université de Montréal, 1995/ Paris: Gallimard, 1996. [Ed. bras. *Introdução à uma poética da diversidade*. Juiz de Fora: Editora da UFJF, 2005].

Faulkner, Mississippi. Paris: Stock, 1996. Paris: Gallimard (folio), 1998.

Traité du Tout-Monde. (Poétique IV). Paris: Gallimard, 1997.

La cohée du Lamentin. (Poétique V), Paris: Gallimard, 2005. [Ed. bras.: *O pensamento do tremor – La Cohée du Lamentin*. Juiz de Fora: Editora da UFJF, 2014].

Une nouvelle région du monde. (Esthétique I). Paris: Gallimard, 2006.

Mémoires des esclavages. Paris: Gallimard, 2007.

Quand les murs tombent. L'identité nationale hors-da-loi? (Com Patrick Chamoiseau). Paris: Galaade, 2007.

La Terre magnétique: les errances de Rapa Nui, l'île de Pâques. (Com Sylvie Séma). Paris: Éditions du Seuil, 2007.

L'intraitable Beauté du monde. Adresse à Barack Obama (Com Patrick Chamoiseau). Paris: Galaade, 2009.

Les entretiens de Baton Rouge. (Com Alexandre Leupin). Paris: Gallimard, 2008.

Philosophie de la Relation. Paris: Gallimard, 2009.

10 mai: mémoires de la traite négrière, de l'esclavage e de leurs abolitions. Paris: Galaade / Institut Tout-Monde, 2010.

L'Imaginaire des langues. Entretiens avec Lise Gauvin (1991-2009). Paris: Gallimard, 2010.

Manifestes (com Patrick Chamoiseau). Paris: La Découverte / Éditions de l'Institut du Tout-Monde, 2021.

POESIA

Un champ d'îles. Paris: Éditions Instance, 1953.
La terre inquiète. Paris: Éditions du Dragon, 1955.
Le sel noir. Paris: Éditions du Seuil, 1960.
Les Indes, Un champ d'îles, La Terre inquiète. Paris : Éditions du Seuil, 1965.
Boises, histoire naturelle d'une aridité. Fort-de-France: Acoma, 1979.
Le sel noir, Le sang rivé, Boises. Paris: Gallimard, 1983.
Pays rêvé, pays réel. Paris: Éditions du Seuil, 1985.
Fastes. Toront: Éditions du GREF, 1991.
Poèmes complets (Le sang rivé, Un champ d'îles, La terre inquiète, Les Indes, Le sel noir, Boises, Pays rêvé, pays réel, Fastes, Les Grands chaos). Paris: Gallimard, 1994.
La Terre le feu l'eau et les vents: une anthologie de la poésie du Tout-monde. Paris: Galaade, 2010.

ROMANCE

La Lézarde. Paris: Paris: Éditions du Seuil, 1958. (Prêmio Renaudot)
Le quatrième Siècle. Paris: Éditions du Seuil, 1964. (Prêmio Veillon)
Malemort. Paris: Éditions du Seuil, 1975.
La case du commandeur. Paris: Éditions du Seuil, 1981.
Tout-Monde. Paris: Gallimard, 1995.
Sartorius: le roman des Batoutos. Paris: Gallimard, 1999.
Ormerod. Paris: Gallimard, 2003.

TEATRO

Monsieur Toussaint. Paris: Éditions du Seuil, 1961.
Le monde incréé: Conte de ce que fut la Tragédie d'Askia, Parabole d'un Moulin de Martinique, La Folie Célat. Paris: Gallimard, 2000.

Este livro foi editado pela Bazar do Tempo na cidade de São Sebastião do Rio de Janeiro na primavera de 2021, e impresso nas fontes TheAntiqua e Odeon Condensed, em papel pólen soft 80g, na gráfica Eskenazi.

1ª reimpressão, setembro 2024

CIP-BRASIL. CATALOGAÇÃO NA PUBLICAÇÃO SINDICATO
NACIONAL DOS EDITORES DE LIVROS, RJ

G476p

Glissant, Édouard, 1928-2011

Poética da relação / Édouard Glissant ; tradução Marcela
Vieira, Eduardo Jorge de Oliveira ; revisão técnica Ciro Oiticica;
prefácio Ana Kiffer, Edimilson de Almeida Pereira. - 1. ed. -
Rio de Janeiro : Bazar do Tempo, 2021.

Tradução de: Poétique de la rélation : poétique III

ISBN 978-65-86719-74-1

1. Linguagem e cultura - Martinica. 2. Nacionalismo e literatura
- Martinica. 3. Literatura - História e crítica. 4. Linguagem e línguas
- Filosofia. I. Vieira, Marcela. II. Oliveira , Eduardo Jorge de. III.
Oiticica , Ciro. IV. Kiffer, Ana. V. Pereira, Edimilson de Almeida.

21-72992   CDD: 809

                      CDU: 82.09

Leandra Felix da Cruz Candido - Bibliotecária - CRB-7/6135
25/08/2021   30/08/2021